_____님께

평소 베풀어주신 厚意에 감사드립니다.

년   월   일

김 봉 성 드림

밀알 하나의 자화상

밀알 하나의 자화상

김봉성 시·산문집

세종출판사

작가의 말

"밀알 하나가 땅에 떨어져 죽지 않으면 한 알 그대로 남고, 죽으면 많은 열매를 맺는다."

열매에 담긴 밀알의 여정입니다. 죽어야만 맺을 수 있는 열매입니다. 열매를 맺는 밀알이 진짜입니다.

여기서 '죽는다'는 것은 무슨 뜻일까요. '죽는다'는 것은 땅에 떨어져 썩는다는 겁니다. 썩어야만 싹이 트고 열매를 맺을 수 있고 생명이 탄생한다는 뜻입니다.

'죽는다'는 것은 또한 희생을 의미합니다. 어떤 일이든지 그 일이 크든 작든 가치 있는 일이 되기 위해서는 무엇보다 자신을 버리는 희생이 필요합니다.

눈앞의 이익에만 매몰되지 않는 깨달음이 있어야 죽을 수 있습니다.

 죽지도 못하고 희생도 못하는 한 범부凡夫의 살아오면서 겪은 이야기를 넋두리로 풀어보았습니다. 등단 10년 만에 처음 내는 책이라 여러 면에서 부족합니다만 더 나은 정진精進을 위한 디딤돌이라 생각합니다. 많은 편달을 바랍니다.

2025. 11

차례

제1부
시

낮은 자의 기도 ··············· 13
꽃 ··············· 14
교감交感 ··············· 15
거리 ··············· 16
1073일 : 은화와 다운에게 ··············· 18
소국 ··············· 20
주우단상秋雨斷想 ··············· 21
산사山寺의 품과 소리 ··············· 22
박꽃 ··············· 23
안개 ··············· 24
기도 ··············· 25
마음의 밭 ··············· 26
보리와 생명 ··············· 27
명암明暗 ··············· 28
또 한 해가 저물어가는 데 ··············· 29

내 안의 꿈은 ………………… 30
가슴 항아리 ………………… 31
울보 …………………………… 32
아내의 손길 ………………… 33
사진 …………………………… 34
정물화 ………………………… 35
미포眉浦 ……………………… 36
무제無題 1 …………………… 38
무제無題 2 …………………… 39
무제無題 3 …………………… 40
여정旅程 ……………………… 41
메울 수 없는 심연深淵 …… 42
매일 마주 대하는 '나'(自我) … 43
노을 …………………………… 44
말(言語) ……………………… 45
미망迷妄 ……………………… 46
군무群舞 ……………………… 47
밀알 하나의 넋두리 ……… 48

물망초 …………………………………… 49
꽃마음 …………………………………… 50
헤어진 사람 ……………………………… 51
무슨 걱정이세요 ………………………… 52
봄이 오는 소리 ………………………… 53
무명無明 …………………………………… 54
추수秋愁 …………………………………… 55

제2부
산문

生과 死(삶과 죽음)의 갈림길 ………………… 59
선생님, 제 결혼식 때 주례 서 주세요 ……… 64
어떤 깨달음 ……………………………… 72
유년幼年의 기억 ………………………… 76
회한悔恨 …………………………………… 82

사제동행師弟同行 ················· 89
이사移徙 ······················ 96
마나워나 : 마다 카스가르에서의 첫 번째 에피소드 ··· 104
작은 선물, 작은 행복 ············ 113
隨處作主 立處皆眞 (수처작주 입처개진) ········ 116
작은 인연因緣 ·················· 118
천생연분天生緣分 ················ 125
울 아버지 ····················· 130
다양성에 대한 단상斷想 ··········· 134

|작품해설| 정영자 (문학평론가. 한국문인협회 고문)
밀알 시학의 충만함 ············· 137
- 김봉성 시인의 시·산문집 『밀알 하나의 자화상』 해설

제1부
시

낮은 자의 기도

우리는(당신은) 누군가의 아픔이 내 심장에 박히도록
온몸으로 울어본 적 있는가.

우리는(당신은) 누군가를 가슴 저리게 그리워하여
그 절절함에 모든 것을 맡겨본 적 있는가.

우리는(당신은) 아무도 돌아보지 않는
누군가의 시린 손을
한 번만이라도 잡아본 적 있는가.

우리는(당신은) 푸른 하늘을 향한 누군가의 힘찬 나래짓을
가슴 뭉클하게 꿈꾸어 본 적 있는가.

누군가를 아파하고 그리워하고 잡아주고 꿈꾸는 것은
스스로를 낮추고 비우고 귀 기울여 다가서야 하는 것

우리는 언제쯤 가장 낮은 자리로 가서
늘상 너와 나를 깨어 있게 할 것인가.

꽃

꽃은 필 때를 알고 질 때를 안다.
그렇지만 그때를 드러내지 않는다.

꽃은 필 때의 느닷없는 놀라움과
질 때의 잔잔한 아쉬움을
아낌없이 우리와 나눈다.

햇빛과 바람이 그 따뜻하고
부드러운 손길로 유혹해도
꽃은 흔들리지 않는다.

꽃은 때를 알고
그 때에 순응할 줄 안다.

자욱한 안개 속에
봄비를 맞고 있는 꽃은
말없는 求道者다.

교감 交感

어느 날부터인가 작은 새 한 마리
내 창가에 날아와 울음 운다.
나는 모른다.
작은 새의 이름이 무엇인지
왜 작은 새는 아침마다 내 창가에 와서 우는지
작은 새는 어디서 와서 어디로 가는지
그래도 나는 아는 게 있다.
작은 새가 이쁘고 울음소리가 맑다는 것을
나는 상상해 본다.
내 집 창가의 화분들이
작은 새의 중간 기착점일 거라고
그리고 날마다 나에게 와서 우는 것은
전하고 싶은 말이 있는 거라고
어느새 나는 작은 새의 울음소리를
더 잘 듣기 위해
아침마다 창문을 열어 놓는다.
기다려지는 친구가 생겨 살 맛 난다.

거리

지금쯤 그 거리엔
첫눈이 내리고 있었지.
그 거리엔 첫눈을 축복으로 받아들이는
사람들로 가득했지.
지금쯤 그 거리에는
저물어가는 한 해를
아쉬워하는 사람들이 물결처럼 흐르고 있었지.
지금쯤 그 거리에는
온갖 삶의 흔적들로
언제나 훈훈한 온기가 넘쳐 났지.
서로의 체온을 전율처럼 느끼고
서로의 아픔을 운명처럼 나누었지.
그런데 언제부터인가
그 거리에, 우리 사이에,
거리(틈)가 생기기 시작했지.
이제는 서로를 보듬고 부대끼며
걷던 거리에서 멀어지기 시작했지.
이제는 그 거리가 메울 수 없는
심연이 돼 버렸지.

왜 이렇게 되었을까?
옛날처럼,
서로를 아끼고, 서로를 불쌍하게 여겨서
서로에게 한 발짝 씩 다가갈 순 없을까.
옛날처럼
서로 손을 맞잡고
소중하게 간직했던
그 은밀한 불씨를 불꽃처럼
타오르게 할 수는 없을까?
옛날처럼
서로의 눈만 마주쳐도
심장이 뜨거웠던 그 자리에
우리 모두 다시 설 순 없을까….

2016. 11. 30.

1073일[*] : 은화와 다운에게

그 긴 시간 캄캄하고 차디찬 바다 속에서
이제는 은화가 다운이가
우리 품에 안기는 것인가
왜, 왜 좀 더 일찍 안을 수는 없었을까
은화야, 다운아
너희의 꽃다운 넋
어떻게 위로해야 하나
울어야 하나, 통곡해야 하나
서럽게 서럽게 오열하면
너희의 넋이 위로 받을 수 있을까
은화야 다운아
너희는 마지막 무엇을 생각했을까
엄마를 생각했을까 친구를 생각했을까
엄마를 불렀을 너희를 생각하면
우리는 눈물 흘릴 자격도 없고
부끄러워 얼굴을 들고 다닐 수도 없다.
그래도 은화 엄마는 다운이 엄마는
피눈물을 흘리면서도 무심한 우리들에게
고맙다고 고맙다고 한다.

슬픔을 이길 수 있는 용기를 주어서 고맙다고 한다.
그러면서 다시는 이런 참담한 일이
일어나지 않았으면 한다고
소박하고 절절한 소망을 말하는데
그 말이 우리를 더욱 부끄럽게 하는구나
은화야, 다윤아
너희는 천 년이 가도
그 꽃다운 모습 변치 않을 것이며
時空을 뛰어 넘어
순결한 하늘의 별이 되어
이 험난한 세상을 헤쳐 가는 우리 겨레를
언제나 환하게 비추어 줄 거라고
굳게 굳게 믿는다.
이 믿음 불멸의 신앙이 되어
언제까지나
우리 모두의 가슴에 자리할 것이다.

* 1073일 : 세월호 선체가 바다 속에 침몰되어 있다가 온전히 육지로 그 모습을 드러내는데 걸린 시간
 세월호 : 2014년 4월 16일 진도해상에서 침몰, 사망자 299명, 실종 5명
  단원고 학생 희생자 : 325명 중 255명

소국

화려하지도 우아하지도 않지만
너와 나는 잘 어울리는 짝
너도나도 흔하디흔한
아무 데서나 만날 수 있는 존재
혼자 있으면
아무의 눈길도 머물지 않는데.
무리를 이루면
누군가에게는 조그만 위로가 되기도 한다.
'이내'처럼 짧은 순간이지만
그 위로가
깊은 울림이 됐으면 좋겠다.
너와 나를
닮은 모두에게⋯.

추우단상 秋雨斷想

가을비는 온종일 그냥 그냥 내리는데
아스팔트를 때리는 가을비의 터치
나는 한 잔의 커피를 앞에 두고
가을비의 소나타에 빠져 든다.

밀려가는 형형색색의 우산들은
무슨 사연들을 안고 있는지
알에서 깬 자라새끼 바다를 향해
필사의 질주를 하듯이 바다로 간다.

사람들은 햇볕 쨍쨍한 날에도
오늘처럼 비 오는 날에도
해운대 광장을 지나 바다로 간다.
바다가 고향이고 어미의 품인듯….
사람들은 오늘도
외롭고 목마른가보다.

산사山寺의 품과 소리

고즈넉하고 넉넉한 당신의 품
생명의 소리를 듣는다.
얼음장 아래 쉬임없이 흐르는 물소리

소나기 올 때 천둥 소리에
절묘하게 화답하는
서운암 공작새의 울음 소리
반들반들한 광채를 뽐내는
장독대의 여닫는 소리
귀 기울여야 들리는
은밀한 솔바람 소리
정문일침頂門一鍼
나태해진 마음을 깨우는 독경소리

산사山寺는 어머니의 손길로
수많은 생명을 빚어내어
가난한 우리에게 아낌없이 베풀어준다.
오늘도.

박꽃

달빛에 끌려
뜨락에 내려서니 그대의 수줍은 미소
나를 반기네.
아아
이제는 잊은 줄 알았는데
이제는 잊혀졌다고 생각했는데
그리운 얼굴
다시 떠올리게 하네.
이밤
그대와 손잡고
가슴 시린 아련한 꿈길을
걸어 보고 싶네.

안개

창窓을 열면
새소리가 아침을 여는데
오늘은 안개가 두꺼운 몸짓으로
나를 맞는다.
달맞이 안개가 떼를 지어
나들이 한 걸까.
눈 앞에 보이는 것
모두를 차단해서 앞 동棟도, 앞 산도
하얀 장막 속에 가두어 버린다.
누구는 안개를 소리 없는 점령군(?)이라 하지만
나는 그 점령군이 마음에 든다.
나에게 잠시나마
일상의 갈등을 잊게 해주고
나에게 잠시나마
나 자신을, 내 주위를
돌아보게 하니까….

기도

여위고 지친 삶
가늠할 길 없는 품속에서

청정한 독경소리
부드러운 솔바람을
온몸으로 맞는다.

오로지 당신의 미소 속에
다시 태어난
무구無垢한 생명

마음의 밭

우리는 누구나 하나씩
마음의 밭을 가지고 있어요
그 밭이 크거나 작거나
아무 문제가 되지 않아요.
당신도 나도 자신만이 다가갈 수 있는
마음의 밭을 가꾸느라 매우 바빠야 해요
누군가 나에게 물었어요
당신은 마음의 밭에 무엇을 가꾸고 있냐고
그리고 힘들게 거두어 들인 열매를 맛보았느냐고.
돌이켜 보니 별로 내세울만한 것이 없네요.
그런데 갑자기 겁이 났어요.
이제껏 마음의 밭에 욕심과 미움의 씨앗을 심고
달콤한 과즙인 양 그 열매에
혼자 취해 있지 않았냐 해서요.
이제부터라도 내 마음의 밭에서
비움과 사랑의 씨앗을 심어
그 열매를 거두어 이웃과 나누는
작은 기쁨을 누리고 싶네요.

보리와 생명

번뇌를 떠나 보리*는 없고
생명은 원래 갖추어져 있는 것
억지로 만들어지는 것이 아니라는데
우리는 자꾸만 번뇌를 만들고
순간을 영원처럼
한 번 쥔 것 놓지 않으려 한다.
완전한 청정靑靜이란
범인凡人이 이룰 수 없는 것
한 세상 인과因果에
속절없이 얽매어 있지만
그 매듭을 풀고
보리와 생명의 세계에
다다르고 싶다.

* 보리 : 깨달음

명암 明暗

누군가는
삶을 흰 도화지를 채워가는 것이라고 했지
그렇다면 삶의 색깔은
하얀색이라고 해도 될까

누군가는
죽음을 길을 가다 잠시 쉬는 것
대나무의 매듭처럼
완성을 위한 하나의 통로라고 했지
그렇다면 죽음의 색깔도
까만색이라고만 할 수 있을까

누군가는
죽음을 삶의 단절이라 하고
누군가는
죽음을 삶의 연속이라 하는데
원래부터 삶과 죽음은
하나의 끈으로 묶여 있는 것 아닐까
이제부터라도 나는 삶도 죽음도
환한 친구처럼 여길란다
그래서 조금이나마
삶의 고달픔에서 죽음의 두려움에서 벗어날란다.

또 한 해가 저물어가는 데

나도 당신도 우리 모두가
"세월이 참 빠르게 가네"
한탄 아닌 한탄을 한다.
엊그제 해맞이를 하느라 늙은 아내와
새벽부터 부산을 떨었는데
어느새 올해 달력이 한 장 밖에 남지 않았네.
올해 세월의 무게를 저울에 달아보니
저울추가 한쪽으로 쏠리네.
슬프고 우울한 쪽으로 저울추가 쏠려
세월의 무게를 반추할 틈도 없네.
아침에 눈을 뜨자마자
조마조마한 심정으로 떨이져 있는
가족들의 안부를 묻는 것이 일상이 되었네.
내년엔 그리운 얼굴들을 마음놓고 볼 수 있을까
한 해가 긴 그림자를 감추는 이 세밑에
소소한 기쁨의 소식이 우리 모두에게
첫눈처럼 찾아와 주었으면 한다.
그런데 나는 올해 내 그릇에
아무 것도 담지 못했네
또 한 해가 저물어 가는데….

내 안의 꿈은

꿈은 항상 내 안에 있다.
유년의 꿈은 몽롱한 안개이고
청년의 꿈은 오색 무지개이고
장년의 꿈은 한창때의 태양이고
노년의 꿈은 석양의 고요함이다.

꿈을 먹고 산다는 것은
내 안의 꺼져가는 불씨를
되살리는 것이다.

언제든 숨을 불어 넣어
나에게 어디를 향해, 무엇을 향해
나아가는가 묻는 것이다.

꿈은 꺼지지 않는 불씨로
작고 소중한 것을
지키는 생명력이다.

가슴 항아리

가장 사랑했던 사람이
당신 목숨과 바꾸어도
아깝지 않은 사람이
어느 날 갑자기
한마디 말도 없이
당신의 곁을 떠난다면
당신은 지금까지 쌓아온
사랑이라고 믿었던 모든 것이
한순간에 모래성처럼
사라지는 아픔 속에 오열하겠지
이울어진 달이
만월이 되듯이
人生은 순환의 여정이 아닐까
욕망이랑 꽉 쥐면
어스러져 빠져 나가는 것
자신과 세상을 향한
분노와 좌절을 담아서 삭여 낼
항아리 하나쯤
가슴에 묻어 두면 좋겠네.

울보

아침부터 아내가 한 장의
사진에 코를 박고 있다.
지금은 두 딸의 엄마가 된
둘째 딸의 어릴 때 사진이다.
'영락없는 월남 난민이네'
사진을 본 사람들의 한결 같은 첫마디다.
'참 많이도 울었지'
그래서 늘상 울보라고 놀림 받았지.
아내와 내가 번갈아 업고
밤을 새운 적이 어디 한두번이라야 말이지
아내가 슬그머니 자리를 피한다.
울보의 사진을 보고
혼자서 또 눈물 훔치는 거다.
40여 년의 세월이 흘렀지만
사진 속의 울보의 울음소리가
어제 일처럼 생생하다.
울보라서 세 딸 중에
제일 노래를 잘 했지
'여보 그렇지'

아내의 손길

오늘 따라 등허리가 몹시 근지럽다.
머리맡에 늘상 있는 효자손을 꺼내
긁어보지만 그때뿐 또 근지럽다.
오늘처럼 등허리가 근지러울 땐
먼저 간 아내가 생각난다.
등허리가 근지럽다고 등을 내밀면
'뭐 이쁘다고'
타박은 하면서도 마른 명태 같은 손으로
긁어주면 왜 그리 시원하던지
오늘따라 아내의 마지막 말에
나는 목이 메인다.
'여보 내가 먼저 가거들랑
등허리 긁어 줄 사람 하나 꼭 구하시오'
나는 오늘밤 아내가 생전에 흥얼거리던
이미자의 '섬마을 선생님'을 안주삼아
소주 한 잔 하면서
근지러운 등허리를 달래야겠다.

사진

막내딸 혼례식에
가족이 모여 찍은 사진에
맏딸이 안고 있는
이제 막 젖 땐 아기
까르르 웃고 있다.
이십 년을 훌쩍 넘어
아기의 웃음소리
우렁찬 복창復唱으로 바뀌었다.
3중대 3소대 3분대 박○○입니다.
사진 속 아기와
멋진 베레모의 군인이
한사람인 것이 신기해
사진을 보고 또 본다.
세월이 빨리 가는 것이
좋을 때도 있네.
잘 커줘서 고맙다.

정물화

5월의 끝자락
말없이 안개 낀 먼 산으로
눈길을 보내는
머리 희끗한 두 사람
갑자기 적막을 깨뜨리는
뻐꾸기 소리
흠칫 머언 상념에서 깨어나
서로에게 미소를 건넨다
이윽고 서로는
투박한 손을 마주 잡는다.
미지근한 체온이
가슴을 적신다.
뻐꾹 뻐뻐꾹 뻐꾹….

미포 眉浦

오늘도 해운대의 끝자락
미포는 그 고즈넉한 몸짓으로
아침을 연다.
와! 오늘은 문어가 대풍이네.
'이게 다 태풍이 할퀴고 간 덕분이요'
40년을 한결같이 새벽시장에서
부대껴온 '순이' 할마시의 대답이다.
'순이' 할마시는 40줄에 들어선
딸과 함께 미포의 새벽시장을
제일 먼저 연다.
오늘 잡어가 좋네 그야말로 자연산이다.
'이거 만 원어치만 회 떠 주소
이놈으로 소주 한 잔 해야겠소'
'새벽부터 웬 술이야'
타박하면서도 순이 할마시는
능숙하게 회를 뜬다.
'순이' 할마시는 왼손잡이다.
그 왼손 하나로
딸 하나 키우면서 모진 삶을 지탱해 온 거다.

'이게 다 팔자지요'
운명을 온몸으로 받아들이고
환하게 웃는 순이네 모녀는 그야말로 자연산이다.
그들이 팔고 있는 해물처럼
오늘도 미포의 바람은
오손도손 정겨운 삶을 살아가는
미포네 가족들에게
한 아름 사연을 실어 나른다.

무제無題 1

한 편의 詩를 쓸려고
책상머리에 앉아 본다
며칠째 끙끙거렸지만
도무지 시상(詩想)이 떠오르지 않는다.
마감일이 닥쳐와 애가 타서
오늘은 꼭두 새벽에 일어나
책상에 앉아본다.
내 안에 불씨가 없어
이렇게 詩를 쓰기가 어려운 것인가
내 안에 있는 심연을
뛰어넘을 수도 없고
잠재울 수도 없어
이렇게 애를 태우는 것인가
내안에 차오르는 밀물을
남김없이 토할 수만 있다면….

무제 無題 2

강물소리
솔바람소리
꽃이 속삭이는 소리
새들이 지저귀는 소리를
들어 보라고 하는데
보이는 것에만 정신이 팔려
온전히 듣지를 못하네
눈에 보이는 것만 보고
좋아하는 것만 보니
걸려내야 할 욕심만
자꾸 쌓이네..
이제 늦지 않게
내 안의 아름다운 소리에
귀 기울여 본다.

무제無題 3

자욱했던 안개가 스러지니
멀리 바다가 제 속살을 드러낸다.
안개 속에 가려졌던 박꽃이
면사포 속의 새색시처럼
수줍어한다.
감춰진 것은 감춰진 대로
드러난 것은 드러난 대로
함께 나눌 삶의 축복.

여정旅程

나는 지금
어디를 向해 가고 있는가.
내가 지금
가고 있는 길이
처음에 定했던 그곳으로
가고 있는 것인가.
지금까지 쉼없이 앞만 보고 달려 왔는데
갑자기 내가 가고 있는 길이
잘못 들어선 길이 아닐까
의구심이 드네.
어느 순간 앞만 보이던 것이
옆도 보이고, 위도 보이고
또 뒤도 보이는 것은
나이 든 탓일까 철이든 탓일까
한줄기로만 뻗은 길 지금까지 내가 걸어온 길
이제부터는
강이 있고, 언덕이 있고 바위가 있고
들꽃이 있는 길을 걸어가고 싶다.
이것도 내가 나이든 탓일까 철이든 것일까….

메울 수 없는 심연深淵

같은 선線에서
출발했는데
언제부터인가
너와 나 사이에
건널 수 없는 심연이 생겨
서로에게 가까이 다가가
얼굴을 볼 수도 없고
음성을 들을 수도 없네
이 심연은 누가 만들었을까
무엇 때문에 생겼을까
무엇을 어떻게 해야
이 심연을 메워
마음대로 오고 가고 할 수 있을까
서로 사랑하면
이 심연을 메울 수 있을까….

매일 마주 대하는 '나' (自我)

매일 마주 대하는 '나'
어제도 마주 보았고
오늘도 마주 보고
내일도 마주 볼 '나'
하루에도 몇 번 씩 마주 대하는 '나'
어쩐지 낯설기만 하다
낯설다는 건 지금의 '나'를 의심하는 거다
어느 것이 진짜인 '나'인지 헷갈리는 거다
지금까지의 '나'가 진짜라고
착각하면서 살아 온 것인가
그런데
그 착각 속에 마주 대하는 '나'는
오늘 따라 왜 이렇게 부끄러울까
착각과 부끄러움
평생 안고가야 할
'나'의 숙제인가….

노을

해질녘 벤치에 앉아
하늘을 보니 붉은 노을이
산마루에 걸려 있다.
어둠이 날개를 펼쳐
주위의 형상을 삼키기 전에
마지막으로
자신의 존재를 알리고 싶은
염원이 그렇게 하늘을 물들이나 싶다.
나도 노을 져 붉게 물든
서녘 하늘처럼
마지막 생을 마감할 때
자그마한 광채라도
드러났으면 하고 소원해 본다.
그런데 오늘 본 노을빛이
어릴 때 보던 노을빛보다
엷어지고 바래 진 것은
무슨 까닭인지
문득 궁금해진다.

말(言語)

모든 말들이 색깔을 잃어버릴 때
말들은 다시 태어나고
죽음과 탄생의 여울을 거쳐
순백의 이미지로 되살아난다.
얼마나 더 너를 괴롭혀야
얼마나 더 곁을 두어야
너의 거짓 없는 모습을 볼 수 있는가

얼마나 너를 때려야
살을 발라낸 뼈를 드러내는가
언제쯤이면
너의 감춰진 상자를 열어
나의 허망한 열정을
잠재워 주려는 지….

미망迷妄

미망迷妄의 긴 터널을 벗어나니
오히려 마음이 혼란스럽다
미망迷妄을 떨쳐 버렸다고
착각한 것인가
아니면 미망迷妄의 본질을
깨닫지 못한 것인가
빛의 세상을 움켜잡기 위해
발버둥 쳐보지만
환희는 커녕 번뇌만 무게를 더한다
한번이라도 나我란 실체를
마주한 적 있었던가
어리석은 자아自我여….

군무群舞

해질녘 하늘을 덮는
가창오리떼의 군무
압도적인 장관에
一切의 사고가 정지되는 순간
오직 전율과 감탄뿐.

무대에 펼쳐지는 인간의 群舞
새들과 인간의 共有인
깨뜨릴 수 없는 질서.

삶이라는 군무에
휩쓸려 부대끼다가 온기와
감탄을 잃어가는 나의 존재에
잠깐이라도 눈길이 머물 수 있다면……

밀알 하나의 넋두리

밀알 하나가 돌밭에 떨어지거나
가시덤불에 떨어지거나
요행히 기름진 밭에 떨어지거나
밀알은 처음부터 자신이 어디에
떨어질지 알지 못한다.

박토에 떨어질 걸 미리 알았더라면
밀알은 스스로를 달래고 다독거려
옥토沃土에 대한 미련으로
세월을 헛되게 갉아 먹지는 안했을 텐데……

박토薄土에서 말라 죽거나
옥토沃土에서 열매를 맺거나
어차피 밀알에서는 定해진 운명이다.

행여 옥토에 떨어졌다고 좋아하거나
박토에 떨어졌다고 억울해 하지 말라
옥토든 박토든 다 정착定着이다.

물망초

이쁜이 할머니라 불리던
어머니
임종 때 곁에 있지 못해
한限으로 남는다.

먼 이국땅에
잠든 지 10년
어머니를 찾을 때 마다
물망초 한 다발을 들고 간다.

'잊지 말아 주세요'
물망초의 가녀린 외침이
잊혀 지지 않는 그리움으로
자리 잡고 있다.

오늘은 꿈속에서나마
물망초 한 다발을 어머니께
바쳐야 겠다
'잊을 수가 없어요'

꽃마음

꽃마음은
분수를 지킬 줄 아는 마음
넘치치도 모자라지도 않게
언제나 제자리에서
작은 향기로 위로해 주는 마음

꽃마음은
주위의 모든 것을 보듬어 주는 마음
비와 바람과 햇빛도
벌과 나비도
자신에게 생채기를 내는 이웃도
가리지 않고 소중히 여기는 마음

꽃마음은
작은 손길을 내미는 마음
우리의 사랑과 연민을
더욱 넓게 깊게 하는 마음.

헤어진 사람

아침에 눈을 뜨면
생각나는 사람
잘 잤지.

온종일 같이 있는 사람
늘 처음 같다.

저녁 잠자리에 들 때
인사하는 사람
오늘 잘 지냈지
잘자.

꿈속에서 만나는 사람
변하지 않는 그때 그 모습
설렌다.

무슨 걱정이세요

지친 몸과 마음을
포근히 감싸주는
흰눈이 나리는데
무슨 걱정이세요.

우리 다 같이 어린 시절로 돌아가봐요
눈사람 만들고 썰매 타고
눈싸움 하며
깔깔거리고 웃어봐요.

온누리에 가득찬
흰눈의 축복 속에
새해를 맞이하는데
무슨 걱정이세요.

우리 다 같이 손잡고 외쳐봐요
'다 잘될 거라고……'

봄이 오는 소리

눈에 보이지 않아도
귀 기울이면
살며시 다가오는 봄이 오는 소리.

나의 가슴에도
너의 숨결에도
따스한 입김 불어내는
봄의 내음새.

조금만 기다려줘요
이제 곧 따뜻한 손길로
안아 줄 거예요.

봄이 오는 소리
온누리를 가득 채울
생명의 숨결
희망의 속삭임.

무명無明

세상에 태어나 늙고 병들어
죽음에 이르는 것이
모든 사람이 걸어가야 할
길이라 한다.

이 길은 누구도 피할 수 없는
세상에서 가장 공평한 명제明題라 한다.

번뇌의 늪에서 허우적거리다
끝내 익사할 수밖에 없는 것이
우리 삶의 전부란 말인가

스스로 깨달으면 번뇌의 늪에서
벗어날 수 있다는데
무엇을 어떻게 깨달아야 하는지
답을 모르네

삶이란 짐을 지고 하루하루
묵묵히 살아가는 것이
스스로 깨닫는 길이 아닌지
아직도 답을 모르네

추수秋愁

어제는 반팔에 반바지였는데
오늘은 긴팔에 긴바지가 어울리네

계절은 어김없이 찾아와
철없는 당신을 깨우치는데

당신은 무엇을 보고
무엇을 듣고
무엇을 담으려는가.

가을의 품속에
풍덩 빠져버린 당신

오늘은 다 내려놓고
커피 한 잔에

이브 몽땅의 '고엽'에
흠뻑 취해 보련다.
그것도 괜찮은 하루가 아닐까.

제2부
수필

生과 死(삶과 죽음)의 갈림길

 해운대 S성당에는 지하 2층에 장례식장이 있다. 장례식장은 제1 연도실과 제2 연도실로 나누어져 있다.

 공교롭게도 제1 연도실에는 55세이 주부가, 제2 연도실에는 65세 남자분의 빈소가 차려져 있다. 두 분의 망자가 모두 가톨릭 신자라 제1 연도실에서 연도를 바친 신자들은 다시 제2 연도실에 와서 연도를 바치는 정겨운 광경이 벌어진다. 누군가는 두 망자가 1시간 차이로 사망하고 같은 장소에서 영결식을 치르는 우연을 두고 저승길에 동반자로 쓸쓸하지 않겠다는 말을 우스개 삼아 이야기하기도 한다.

두 죽음의 장례를 치르는 동안 S성당에서는 혼인예식이 있어 혼인예식이 행해지는 1층에서는 웃음과 축복의 소리가 가득하고, 지하 2층에서는 망자의 죽음을 슬퍼하는 애도와 탄식의 울음소리가 가득하다. 그야말로 生과 死의 共存이라는 人生의 한 단면을 보며 삶과 죽음의 갈림길이 종이 한 장 차이라는 것을 느낀다.

내가 삶과 죽음의 갈림길에 서게 된 일은 공교롭게도 똑같은 시간, 똑같은 장소에서 2번이나 일어난 사건이었다.

주일날 교중미사가 한창인 때 모든 교우가 일어서서 기도문을 바치고 있을 때 같이 기도문을 바치고 있던 내가 갑자기 그 자리에서 쓰러져 혼수상태에 빠진 것이다. 미사예식이 한창 진행 중인데, 구석자리도 아닌 모든 교우가 잘 볼 수 있는 중앙의 자리에서 일어난 일이라 교우들이 놀라 웅성대었다.

하필이면 미사 중에 쓰러져 미사예식에 방해가 되

었으니 뭐라고 얼굴을 들 수가 없었다. 얼마 후 정신이 들어 눈을 떠보니 성당 출입구 뒤쪽 의자에 뉘어져 있었고 주위에는 마침 미사에 참례 중인 본당 회장님과 수녀님, 사무실 직원의 근심어린 얼굴이 보였다. 얼마 안 있어 119가 출동하여 응급실에 실려가는 소동이 벌였다. 그런데 앞에서 언급한 대로 똑같은 상황이 1년 6개월이 지난 시점에서 다시 일어난 것이다.

해운대에 있는 'ㅂ' 병원에서 뇌와 심장에 관한 여러 가지 검사를 했다. 검사의 결과는 뇌혈관에 이상이 있다는 것이다. 의사의 소견으로는 뇌경색으로 혈관이 좁아지고 혈관에 꽈리가 생긴 것이 혼절의 원인이라는 것이다. 의사의 소견으로는 다행히 꽈리의 크기가 터질 정도는 아니라서 지금 당장 수술할 필요는 없고 약물로 치료하면서 3개월마다 체크를 해보자는 것이다. 그러면서 뇌출혈이 아니라서 위험한 경우는 벗어났다고 한다. 그 일이 있고 난 후에 나는 자연스럽게 그간에 지내온 삶에 대해 되돌아보았다.

그간에 고혈압이 있으나 약물로 잘 다스려 왔고 방광에 탈이 났을 때 수술로 잘 처치하여 일상생활에 큰 지장이 없이 지내 왔는데, 예고 없이 찾아온 혼절 사태를 어떻게 설명할 수 있을까.

평소에 걸음도 빠르고 작고 큰 모임 등에서도 활발한 활동을 하고 있다고 자부하고 있었는데, 2번이나 쓰러지는 사태를 겪고는 자연히 의기소침해질 수밖에 없었다.

그래서인지 나의 관심은 여생을 어떻게 보낼 것인가 보다 어떻게 죽음을 맞이할 것인가에 쏠려 있다. 친구들이 미사 중에 삼세번 쓰러져 유명을 달리하면 바로 천국행 직행이 아니겠냐는 농담에 쓴웃음 짓기도 했다.

죽음을 맞을 때 주위에 특히 가족에게 짐이 되지 않아야 한다는 생각에 얼마 전 '사전 연명 의료 의향서'에 등록하였다. 단 하나 죽음이 임박했을 때 사제의 '종부 성사'를 받았으면 하는 게 바람이다.

남은 생이 얼마인지는 누구도 알 수 없으나 사는 날까지 보람 있게 살아야겠다고 다짐해 본다.

"아무 것도 걱정하지 말라. 내가 항상 너희와 함께 있겠다."

함께 아파하기 위해 사람이 되신 하느님. 매일 매일을 하느님과 함께 한다는 것이 얼마나 큰 은총임을 새삼 깨닫는다. Memento mori(메멘토 모리)

선생님, 제 결혼식 때 주례 서 주세요

 고3, 여름 방학도 얼마 남지 않은 때, 학교마다 막바지 대학 입시에 모든 것을 걸 때였다.
 '김순이' 이틀째 결석이다. 순이와 친한 단짝 2명을 불러 결석한 사유를 물었지만, 자기들도 아는 게 없다고 했다. 고3 담임인 데다 국어과를 맡고 있어 아침 7시부터 밤 10시까지 보충 수업에 야간 자율학습 감독에 하루하루가 그야말로 전쟁을 치르는 듯한 강행군이었다. 단짝인 친구 2명에게 선생님 대신 찾아가서 결석한 사유를 알아 오라고 시켰다. 이튿날 그 친구들이 와서 전하는 말이, 순이네 집을 찾아갔는데 순이도 부모님도 아무도 없더라는 것이다. 집 전화 외엔 따로 연락할 방법도 없던 때라 난감할 따름이었다. 하루하루 결석일 수가 쌓여가고 이 바쁜 가운데 순이 마저 문제를 일으키니 짜증이 나기도 했지만 무슨 일이 일어났는지 알지 못하니 은근히 걱정되기도 했다. 그래서 단짝 친구에게 틈나는 대로 집을 찾아가 보라고 재촉하는 일 외에 별 뾰족한 수가 없었다.

결석 일수가 열흘이 넘고 여름 방학이 코앞에 다가온 어느 토요일, 단짝 친구 두 명을 앞세우고 순이네 집을 찾아갔다. 집 앞에 다다르자 한 학생이 앉아 있는데 얼핏 보아도 김순이였다.

"순이야"

단짝 친구들도 같이 순이를 부르며 달려갔다. 그 순간 순이가 우리를 보더니 냅다 일어나 달아나는 것이다. 순이야, 다시 부르며 순이가 가는 쪽으로 달려가는데 저만치 앞서가던 순이의 머리 위에 쓴 수건이 바람에 날려 벗겨지면서 머리가 드러났다. 그런데 여학생의 단발머리가 아닌 거의 민머리였다. 그 모습을 보고 나도 모르게 그 자리에 멈춰 섰다. 필사적으로 달아나는 순이를 더 이상 쫓지 않고 돌아서 순이네 집 앞에서 기다리기로 했다. 단짝 친구들은 순이를 부르면서 그대로 순이 뒤를 따라갔다. 한참을 기다리고 있으니 단짝인 친구들이 순이를 데리고 돌아왔다. 순이는 여전히 수건을 쓰고 있었고 나와 눈길을 마주치지 않으려고 애쓰고 있었다.

나는 순이와 단짝 친구들을 데리고 근처 빵집으로 갔다. 순이네 집으로 가서 가정 형편을 살펴보고 싶었으나 집 겉모양만 봐도 한눈에 넉넉지 않은 느낌이 나는 집이라 순이가 부끄러워할까 봐 내 나름대로 배려한 것이다. 빵집에 앉아 그간에 무슨 일이 있어서 학교에도 나오지 않았냐고 물어보았다. 한참을 대답을 안 하고 있던 순이가 입을 열었다. 얼마 전부터 아버지가 하던 일이 잘 안되어 그걸 수습하느라 어머니와 함께 울산으로 가서 그때부터 늘 혼자 있었다는 것이다. 일주일에 한 번쯤 어머니가 와서 일

용품을 마련해 주시고 얼마간의 돈을 순이한테 주곤 바로 울산으로 갔다는 게 그간의 사정이었다.

 벌써 몇 달째 순이 혼자 지내다 보니 밤이면 무섭고 외로워서 혼자 울기도 했단다. 그런데 전봇대에 붙은 구인 광고를 보고 찾아가 거기서 숙식을 하면서 일을 하고 있었다고 했다. 무슨 일을 하느냐고 했더니 여름 한철 장사인 해수욕장에서 해수욕 용품을 대여해 주는 곳에서 심부름 등을 하고 있었단다. 일종의 가출이었으나, 세상 물정 아무것도 모르는 순이가 그런 일을 한 것은 순이에게는 그만큼 절박한 심정이었다고 생각했다.

 한 주일 후에 집에 온 부모가 순이가 없는 것을 알고 사방팔방 수소문 끝에 순이를 찾아 데려왔다. 하라는 공부는 안 하고 가출을 해서 가뜩이나 어렵게 일을 수습하는 부모에게 걱정만 안겨주니 "너 같은 것은 자식도 아니다." 하면서 아버지가 강제로 순이의 머리를 밀어서 마치 여죄수처럼 되었다는 것이다.

학교 이야기가 나오자 더욱 서럽게 우는 순이가 진정되기를 기다려 단짝 친구들과 같이 가발 상회를 수소문하여 찾아갔다. 민머리인 순이에게 맞는 가발을 맞추어 어떻게든지 학교에 다시 나오게 하기 위해서다. 다행히 순이에게 맞는 가발을 구하게 되어 써보니 그런대로 어색하지 않게 맞았다. 단짝 친구들도 가발이 잘 어울린다면서 용기를 주었다. 이 가발을 쓰고 월요일부터 학교에 나오라고 하며 지금까지의 결석은 병결로 처리할테니 걱정말라고 안심을 시켰다. "이 가발 비싼거야, 나중에 열 배로 갚아야 돼!" 라는 내 농담에 순이는 또 눈물을 글썽이며 머리를 숙였다.

 나는 순이에게 먼저 부모님께 전화해 그간의 일을 말씀드리고 앞으로 걱정을 끼치지 않겠다고 다짐하라 했다. 순이는 월요일부터 학교에 나왔고 원래부터 단짝인 세 학생이 이 일로 더욱 단단하게 우정이 다져졌다.

그해 대학 입시에서 세 단짝이 다 원하는 대학에 가게 되었다. 하나는 신라대 디자인과에, 또 한 친구는 경성대 무용과에, 순이는 역시 경성대 응용미술학과에 진학하였다. 셋 다 예체능계 지망이었는데 그런대로 본인들이 원하는 과에 들어갈 수 있었다. 순이의 가출 사건은 잘 마무리되어 한시름 놓았고 여러 가지 바쁜 일로 세 단짝의 일도 얼마안가 잊어버렸다.

그로부터 일여 년이 지난 어느 날, 내가 사는 아파트에 한눈에 봐도 젊고 멋진 여성 세 사람이 들어서고 있었다. 내가 사는 곳이 아파트 5층이라 아파트 마당으로 들어오는 모습이 잘 보였다. 어느 집에 가길래 저렇게 멋진 아가씨들이 오는가 잠시 생각에 잠겼다. 잠시 후 우리 집 초인종이 울렸다. 나는 누군가하고 문을 열었더니 내가 위에서 본 아가씨 셋이었다. 처음에는 그 셋이 여고 시절의 세 단짝인 것을 알아채지 못하였다.

"선생님, 순이예요."

하면서 들어설 때 그들이 세 단짝인 것을 알아챘다. 일 년여 만에 단발머리 때의 모습에서 세련되고 어엿한 숙녀로 완전 탈바꿈을 했다. 집안으로 들어온 셋은 굳이 마다하는 나를 앉히고 큰절을 하였다.

"너무 변해 못 알아보겠다. 그래, 그동안 잘 지냈니?"

"예, 잘 지냈어요."

그러면서 선물 상자를 내려놓았다. 선생님이 처음 저희들에게 사주신 빵이 생각나서 이렇게 빵을 사왔다고 했다. 고맙구나, 이렇게 멋진 숙녀가 되어 만나니 너무 고맙고 반갑구나. 세 단짝도 감개무량한 모습이었다. 특히 순이는 "모든 것이 선생님 덕분이에요. 선생님이 제게 해 주신 가발 잘 간직하고 있어요. 나중에 제 딸한테 그 사연과 함께 물려줄 거예요." 하면서 눈물을 글썽이었다.

"선생님, 제 결혼식 때 주례 서 주세요."

그 말을 들은 우리는 모두 박수로 환호하였다.

'선생님, 제 결혼식 때 주례 서 주세요.' 이 말은 내가 교직에 있으면서 들은 가장 자랑스럽고 보람 있는 말이었다.

어떤 깨달음

 내가 다니는 성당에서 장례 미사가 9시에 있다고 연락이 왔다. 토요일이라 늦잠을 자도 되지만 평소보다 조금 일찍 서둘러서 8시 반경에 성당에 도착했다. 벌써 많은 신자들이 와 있었다. 그리고 다같이 망인에 대한 위령기도를 드렸다. 이윽고 장례 미사가 시작되었다. 망인을 실은 운구수레가 십자가를 앞세워 성당 안으로 들어오고 주례 사제가 입장하는 동안 참석한 모든 신자들은 위령성가를 한마음으로 불렀다.

 내가 앉은 자리에서 조금 떨어진 곳에 운구수레가

놓여 있어 망인의 사진과 이름이 잘 보였다.

'손한정 - 시몬'

오늘 장례미사의 주인공이다. 장례 미사에 참석하면서 느끼는 일이지만 오늘도 많은 신자들과 가족들이 진심으로 망인의 죽음을 애도하고 그 영혼이 하늘나라로 가도록 기도하는 모습이 가슴에 깊이 와 닿았다.

그런데 어찌된 일인지 망인의 사진과 이름이 '손한정 - 시몬' 대신 '김봉성 - 비오'의 사진과 이름으로 바뀌어 보이는 것이다. 갑자기 일어난 착시 현상이겠지만 망인 대신 내가 오늘 장례 미사의 주인공이 된 것이다. 그러면서 이 착시현상이 진짜 일어난 일이라면 어떤 상황이 벌어질 것인가 하는 생각이 순간적으로 떠올랐다.

저 망인처럼 나의 가족이 친지가 그리고 많은 신자들이 진정으로 나의 죽음을 슬퍼하고 나의 영혼을 위해 기도해 줄까 하는 생각이 장례 미사를 드리는 동안 온통 나를 사로잡았다.

몇 달 전에 혈액암으로 세상을 떠난 동료 교사의 자매와 인사를 나누고 나서는데 팔순을 넘긴 '어르신 성경 대학(어성대)'의 학생 대부분이 자신들도 얼마 안 있어 장례 미사의 주인공이 될 수 있다는 생각 때문인지 평소와는 달리 엄숙하고 조용한 분위기를 자아내었다.

장례 미사에 참석하고 매번 얻는 결론은 한결 같다. 언제 세상을 떠날지 모르니 그날까지 하느님의 뜻에 따라 사랑하면서 성실하게 살자는 다짐을 하면서 느끼는 소회를 짧은 글에 담아 본다.

'당신은 잊지 않았겠지요.'

저 사진 속의 망인이 언제든지
당신이 될 수 있다는 것을…

당신은 잊지 않았겠지요
후회 없는 삶이 가치 있는 것이지만
아름다운 죽음이 무엇보다 소중한 것임을…

당신은 잊지 않았겠지요

세상을 마감할 때

당신은 마지막 무엇을 남기고 갈 것인가를…

유년幼年의 기억

일본이 태평양 전쟁을 일으켜 전쟁이 한창인 때 나는 세상에 태어난 지 한 달 만에 아버지, 어머니, 형 이렇게 네 식구가 일본에 갔다. 전쟁이 한창인 때 아버지가 왜 식솔들을 거느리고 일본에 갔는지, 일본에서 얼마나 살았는지, 일본에서의 생활은 어떠했는지는 너무 어려 아무런 기억이 없다.

다만 아버지는 일본 나고야에서 우체부를 했다는 것만 전해 들었다. 그런데 고향 산청에 계시는 할아버지가 위독하니 빨리 귀국하라는 전보를 받고 부랴부랴 귀국했다. 일본으로 갈 때는 네 식구였는데. 그

동안 여동생이 태어나서 다섯 식구가 되었다.

다행히 늦지 않게 귀국하여 할아버지 임종을 할 수 있게 되었다. 할아버지 장례식 후 그전부터 생활의 기반이었던 부산에 와서 생활하던 중 당시 30대 초반이던 아버지가 징용으로 끌려가게 되어 그걸 피하려고 지인의 소개로 강원도 삼척으로 이주했다.

아버지는 삼척 외곽에 있는 자동차나 비행기에 쓰이는 기름을 정제하는 유지 공장에 다니게 되었다.

삼척에 있는 집은 그런대로 마당이 널찍하고 아래 칸, 위 칸 등 2채로 다섯 식구가 생활하기에는 부족하지 않았다.

이사 첫 날 우리가 첫 번째 한 일은 대여섯 사람이 들어가 앉을 수 있는 방공호를 마당에 파는 것이었다.

전쟁이 막바지로 접어들 때쯤인지 꽤 자주 비상 사이렌이 울리고 했는데, 그 사이렌은 미군 비행기의 공습이 있다는 신호였다. 사이렌이 울리면 우리

식구들은 방공호로 피신하는 것이다.

그때 어린아이였던 나는 다 만들어진 방공호에 들어가서 신기해하던 일도 있었다.

그 당시에는 쌀이 굉장히 귀한 시절이었다. 회사에서 받는 아버지의 월급으로는 반 달 치 식량을 구하는 데도 부족할뿐더러, 돈이 있어도 쌀을 쉽게 구할 수가 없었다. 쌀 가진 사람들이 언제 휴지조각이 될지도 모르는 일본 돈을 받고 쌀을 파는 것을 꺼렸다.

회사에서 주는 배급 식량은 쌀과 옥수수가 3:7로 섞인 것으로 밥을 먹으면 옥수수가 입에 걸리고 맛도 없고 해서 꽤 많이 투정을 부렸다.

어머니는 시집올 때 장만해 뒀던 패물이나 옷가지를 들고 삼척 외곽의 농부들을 찾아 직접 쌀과 교환을 하는 일이 중요한 일과였다.

어머니가 등에 쌀을 지고 오는 날엔 밥을 맛있게 배부르게 먹는 날이었다. 삼척은 겨울에 눈이 많이 오는 고장이다. 한 번은 그때 많은 눈이 와서 나다니기가 어려웠다. 마을 사람들이 길을 내기 위해 양쪽으로 눈을 쓸었는데, 쌓인 눈이 녹지 않아 터널처럼 된 때도 있었다.

삼척에서 지내는 동안 나는 부모의 속을 꽤 태우는 개구쟁이에 덤벙대는 아이였다. 비가 많이 와서 왕래하던 나무다리에 물이 거의 닿을 정도였다. 아버지의 큰 고무신을 끌고 가서 다리 위에 앉아 다리를 흔들며 까불거리다가 신발 한 짝이 물에 떨어져 그걸 주우려고 다리 난간을 잡고 물에 들어간 것이었다. 그때 내 생각은 위험한 것은 생각지도 않고 무조건 신발을 찾아야 한다는 데 있었다. 어린아이가 물속에 들어가는 광경을 본 사람이 아버지를 잘 아는 지인이라 아버지에게 그 사실을 알렸다.

그때 나는 다리를 잡고 온몸이 물에 잠겼는데도 고무신을 찾으려고 물속을 휘저었다. 요행히 신발 한 짝을 찾아 물 밖을 나서 모래밭에 서 있던 참이었다. 아들이 물에 빠졌다는 전갈을 받은 아버지가 득달같이 달려와 온몸이 물에 젖어 고무신 한 짝을 들고 서 있는 나를 그대로 뺨을 때려 모래밭에 나뒹굴

게 했다. 곧이어 쓰러진 나를 부둥켜안고는 '고맙다' '고맙다'고 소리쳤다.

또 한 번은 고만고만한 아이들이 물이 흐르지 않는 모래밭 위의 다리 위에서 뛰어 내리기를 하면서 못 뛰는 아이들을 겁쟁이라고 놀리었다. 나보고도 겁쟁이라 못 뛸 거라 놀리는 아이들에게 보란 듯이 다리 위에서 뛰어내렸다. 그 결과로 겁쟁이란 소리는 면했지만, 다리가 골절되어 한동안 어머니가 나를 업고 침 맞으러 다녔다.

일본이 패망하고 해방이 되자 우리 가족도 부산으로 오기 위해 아버지가 동분서주했다. 다행히 지인의 도움으로 일본인을 싣고 귀국하는 일본인 배에 우리 가족은 타게 되었다. 우리가 탄 배는 일본으로 직행하지 않고 구룡포에서 다른 일본인을 태우기 위해 잠시 정박할 때 우리 가족도 그때 배에서 내리게 되었다. 그 배는 바로 부두에 정박하지 않고 어떤 이유에선지 모르지만, 부두에서 약 100미터 떨어진 곳에 정박하여 우리를 내리게 했다. 달빛이 환한 밤중에 밧줄을 잡고 배 옆에 있는 작은 배에 옮겨 타던 광경이 지금도 눈에 선하다.

그로부터 많은 세월이 흘러 우리 가족은 5명에서 11명으로 늘어났다. 자녀가 3명에서 9명으로 늘어난 것이다. 자녀 9명 중 지금 한국에 남아 있는 자녀는 '나'뿐이다. 나머지 8명은 모두 미국에서 살고 있다.

3남 6녀 대가족을 거느리고 고생하셨던 아버지와 한국에서 어려운 살림을 꾸려 나가며 우리 가족들을 뒷바라지하느라 애썼던 어머니는 멀리 이국땅 미국에 잠들고 있다.

어머니는 돌아가실 때까지 새벽 5시에 일어나서 9명의 자녀를 위해서 하루도 빼짐없이 묵주기도를 했다고 한다. 어머니의 정성과 기도로 9남매가 지금껏 아무 탈 없이 잘 지내게 된 원동력이 되었다.

지금 나는 아버지가 돌아가실 때의 나이보다 많다. 유년기의 기억을 더듬어 보니 한평생이 꿈만 같다. 지금 나의 마지막 소원은 우리 모든 가족이 빠짐없이 하느님의 품으로 돌아가는 것이다.

회한悔恨

 그날은 내 생일이었다. 아침에 아내가 마련한 조촐하지만, 정성이 담긴 생일상을 받고 겨울바람이 몹시 차가웠지만 훈훈한 마음으로 학교로 향했다.

 여고 2학년 주임 교사라는 직책 때문에 출근 시간이 일러서 학교에 도착했는데 동료 교사는 거의 없었다. 교무실로 들어서니 숙직이었던 박 선생이 다급한 목소리로

 "주임 선생님"

 "주임 선생님"

 나를 부르는데 평소에 행동이나 말씨가 느릿하다

고 생각되던 박 선생이 매우 당황한 얼굴로 연거푸 나를 불렀다.

"주임 선생님, 선생님 반에 가보이소, 선생님 반 애가 자살을 했어요."

"무슨 말을 하노? 2학년 6반 우리 반 애가 자살을 했다고?"

내가 반문을 하자 박 선생은 무작정 나를 끌고 2층에 있는 2학년 6반 교실로 향했다. 2학년 6반 문을 열고 들어가서 처음 본 광경은 교복 입은 여학생이 목을 맨 모습으로 매달려 있는 것이었다. 어떻게 이런 일이……. 순간적으로 온몸에 전율이 휘감았다.

우선 아이를 내려야겠다는 생각에 책상 위에 걸상을 포개어 그 위에 올라가서 숙직실 도구함에 있는 칼로 밧줄을 끊고 매달려 있는 아이를 박 선생과 함께 안아 내려 땅 위에 뉘었다. 얼굴을 보니 우리 반 조경미 학생이었다. 눈을 감은 무심한 모습이었다. 나는 반 뒤쪽에 비치된 신문을 가져와 아이의 얼굴을 덮었다. 그리고 박 선생에게는 교장 선생님께 연락을 취하라 하고 나는 경찰서에 학생이 자살했다고 신고를 했다. 얼마 안 있어 경찰서에서 담당 형사가 왔고 교장 선생님도 당황한 모습으로 현장에 들어왔다.

형사는 먼저 우리에게 물었다. 시체를 내린 것 외에 다른 행동을 하지 않았느냐고 혹시나 현장을 훼손하지는 않았나 하고 묻는 것이었다. 나와 박 선생은 시체를 내리고 곧장 경찰서에 연락했다고 했다. 조경미 학생은 구급차가 와서 실어 가고 본격적으로 우리 두 사람을 향해 심문을 시작했다. 처음 누가 몇 시쯤 발견했나, 어떤 경로로 발견했냐 등을 질문했다. 나와 박 선생은 사실 그대로 대답했고 담당 형사는 우리 대답이 신빙성이 있다고 생각했는지 다시 연락하겠다면서 자리를 떴다.

온 학교가 발칵 뒤집혀졌다. 어떻게 17살 여학생이 그것도 늘 공부하고 생활하던 자기 반에 서 목매 자살을 했단 말인가. 나는 조경미 학생이 '왜 자살했을까?' 하면서 죽음의 장소를 자기 반을 택한 데는 나름의 이유가 있을 것이다. 라고 생각하면서 그간의 조경미 학생의 학교생활을 찬찬히 돌아봤다.

여름 방학을 마치고 2학기가 시작되면서 조경미 학생의 이름이 담임인 내 귀에 들려왔다. 수업 태도가 좋지 않아 여러 번 지적을 받았는데도 태도가 그대로여서 성미 급한 선생님한테 뺨을 맞거나 벌을 받는 일이 잦다는 이야기였다. 공납금도 제 때에 내지 않아 나도 두어 번 독촉을 한 일도 있었다. 지금 생각해 보니 걸을 때도 연체동물처럼 흐느적거리면서 걷던 것도 같다. 주위에 경미와 가까운 급우들이 전하는 이야기에 의하면 공납금을 납부하지 않고 친구들에게 간식을 사주는 등 전에 하지 않던 선심을 쓰고 자신이 가지고 있던 물건들을 친한 친구에게 나눠 주는 등 갑자기 이상한 행동을 해서 약간은 의아스러웠다고도 했다. 그간의 행동과 친구들의 이야기를 종합해 보면 경미는 벌써부터 죽을 결심을 하고 그 준비를 했던 것 같았다.

자살하기 전날 밤 평소에 경미가 좋아했던 영어 선생님께 전화해서 꼭 드릴 말씀이 있으니 잠깐만 만나줄 수 없느냐고 전화로 간청했단다. 그런데 시간이 거의 밤 10시가 가까운 겨울밤 전화를 받은 선생님도 솔직한 말로 귀찮았을 것이고 경미가 너무나 절망적인 심정으로 전화했다고는 생각할 수 없었기에 내일 학교에서 보자며 경미의 청을 거절하였다고 한다. 경미는 마지막 끈이라도 붙잡고 싶었지만, 그것마저 안되니 더 이상 기댈 곳도 더 이상 미련을 가질 수도 없어 미리 준비한 밧줄로 자살을 결행한 것이다. 캄캄한 어둠 속에서 마지막 자살을 결행할 때 얼마나 외롭고 무서웠을까 하는데 생각이 미치자 나도 모르게 터져 나오는 오열을 참기가 어려웠다. 만약에 그 영어 선생님이 늦은 밤이었지만 경미를 만나 주었더라면 자살을 막을 수가 있었을까? 부질없지만 너무나 아쉽고 원통해서 상상해 본다. 또 하나 하필이면 자기 교실에서 자살할 마음을 먹었을까 당연히 제기될 의문이지만 아마도 경미에게 가장 익숙

한 장소가 자기 교실이라서 그랬을 거라고 추측해 본다.

경미가 자살한 다음 날 경미의 어머니가 찾아와서 이튿날 당감동 화장장에서 화장을 한다고 알려 주었다. 그러면서 아이를 자살하게 만든 게 모두 부모의 잘못이라며 눈물을 흘리며 그간의 사정을 말해 주었다. 원래 대구에서 사업을 하다가 망해서 아버지는 도망자가 되어 종적을 감추었고, 어머니 혼자서 애들 둘 데리고 부산으로 와서 살려고 발버둥을 쳤으나 근근이 입에 풀칠할 정도로 매우 핍박한 사정이었단다. 집에서 가까운 ○○여고에 들어가 다니게 되었는데 수줍은 성격이지만 그런대로 학교생활에 적응하는 것 같아서 한시름 놓았는데 이게 웬 말입니까 하며 통곡하는데 그 모습을 바로 보기가 힘들었다. 조금만 더 세심히 살폈더라면 가녀린 한 생명을 살릴 수 있었는데 하는 후회가 가슴을 치고 또 쳤다.

당감동 화장장에서 경미의 마지막 길을 배웅하고

내려오면서 아무도 없는 곳에 가서 소리 내어 실컷 울었다.

우리 반 아이들은 급우가 자살한 데 받은 충격과 슬픔으로 야간 자율 학습을 안 하려고 해 어느 토요일 날을 잡아, 우리 반 애들이 좋아하는 선생님 몇 분을 초대해서 신나는 음악에다 다과를 마련해서 일종의 진혼굿 판을 벌였다.

'얼마나 한이 많았길래 꽃망울을 채 피우지도 못하고, 그리도 일찍 꺾여야 했단 말인가?'

그렇게 혼신의 진혼굿 판을 벌이고 난 뒤부터 우리 반의 분위기가 예전처럼 살아났다.

내 교직 생활을 돌아볼 때마다 그때 그 일이 생각나 자책과 회한이 열병처럼 나를 엄습해 온다.

사제동행 師弟同行

 나는 대부분의 교직생활을 고등학교에서 했다. 교직을 천직으로 여기고 나름으로 최선을 다했다고 자부하지만 돌이켜보니 좀 더 이해했더라면 좀 더 세심히 살폈더라면 하는 자책과 아쉬움이 남는다.

 김명원은 내가 Y고에 재직할 때 담임했던 학생이다. Y고 전체 학생 중에 몸집이 가장 큰 학생이었다. 그때 당시엔 지금 문제가 되는 학생폭력이나 학부모의 문제제기가 거의 없었다.

 "주임 선생님, 이 학생을 인계할 테니 잘 지도바랍니다."

교내 지도 담당자인 학생부의 강○○ 선생님이 명원이를 데리고 교무실에 와서 나에게 한 말이다.

"명원이가 무슨 사고 쳤습니까?"

"글쎄, 이놈이 5층 복도에서 소변을 보았지 뭡니까."

화장실이 있는데 화장실에서 볼 일을 보지 않고 복도에서 소변을 보았다는 것이다.

너무나 어처구니없는 일이라 잠시 혼란스러웠지만 강 선생에게 내 반 학생을 잘 지도 못해 죄송하다고 사과를 하고는 명원이를 데리고 상담실로 갔다.

"복도에서 소변을 봤다니, 무슨 일이고?"

나의 추궁에 명원이는 고개만 숙인 채 별 말이 없었다.

"잘못 했습니다."

"잘못한 걸 아니 다행이다. 잘못 했으니 벌을 받아야 겠지."

나는 명원이를 엎드려뻗쳐 시키고 야전침대의 침목으로 엉덩이를 때리기 시작했다. 하나, 둘, 셋, 넷,

다섯을 본인이 세게 하며 힘껏 때렸다. 다섯 대를 맞고 난 명원이가 벌떡 일어나서 "선생님, 이제 그만 맞으면 안되겠습니까?" 하는 것이었다.

"알았다. 그만 하자. 이번 시간 마치면 양호실로 오너라."

"예, 알겠습니다."

1교시 후 양호실에 갔더니 명원이가 와 있었다. 나는 양호실에 비치된 안티플라민 통을 찾아 명원이에게 바지를 내리라고 했다. 바지를 내리고 팬티까지 내리라는 나의 말에 명원이는 잠시 의아해 하다가 나의 지시에 따라 팬티까지 내리고 알엉덩이가 되었다. 넙적한 엉덩이에 아까 나한테 맞은 상흔이 선명하게 남아 있었다.

"많이 아팠제?"

나는 명원이의 엉덩이에 안티플라민을 듬뿍 바르고 문지르기 시작했다. 처음에 멋쩍어 하던 명원이는 나의 손길에 그대로 엉덩이를 맡기고 있었다.

"다됐다."

내 말에 바지를 올린 명원이를 보고

"고3이다. 명원이를 믿는다." 하고 양호실을 나갔다.

나는 새 학기가 시작되어 새로운 학년과 반을 맡게 되면 내 나름의 학급 경영 노하우(?)를 펼친다. 그것은 각 반마다 소위 농땡이로 불리는 아이들의 이름을 제일 먼저 외우는 방법이다. 그리고는 그들의 이름을 일부러 기회를 만들어 불러주는 것이다. 새 학년, 새 학급에 배정되어 조금은 생소한 판에 보통은 교사가 은연중에 기피(?)하는 농땡이들의 이름을 불러주니, 그들로서는 신기하면서도 인정받는 기분이 되어 그들만의 배타적인 분위기가 많이 수그러지는 것이다.

그 중심에 명원이가 있었다. 명원이의 무언無言의 협조로 학급의 분위기를 빠르게 안정시킬 수 있었다.

명원이는 국립 'ㅂ'대 법학과에 지원을 했다. 결과는 불합격이다. 명원은 재수를 몇 번이나 하더라도 꼭 자신이 바라던 대학에 합격하겠다는 결심을 단단히 했다. 기숙학원에서 재수를 하겠다고 떠나는 날, 명원이는 술 1병을 들고 나를 찾아왔다.

"1년 동안 선생님을 보지 못하니 이별주를 마셔야겠다."는 명원이의 변명이다.

이렇게 이별주를 4번이나 마시고 드디어 사수四修만에 'ㅂ'대 법학과에 합격했다.

그리고는 20년이 흘러 홈·카밍 행사에 초대되었다. 홈·카밍 행사는 고교를 졸업한 지 20년 째 되는 해에 졸업생들이 그때 재직했던 선생님들을 모시고 상견례를 하는 자리다. 서면에 있는 'L'호텔 3층에서 '홈·카밍' 행사가 열렸다.

행사장에 들어서니 서만치 있던 명원이 나를 보더니 뛰듯이 다가왔다. 그리고는 나에게 느닷없이 큰절을 하는 것이었다. 중후한 몸집의 사내가 큰절을 하니 주위의 모든 사람들이 멋진 광경이라며 손뼉을 치는 것이다.

명원이가 건넨 명함에 'ㅇㅇ공업사 대표 김명원'이라 적혀 있었다.

"잘 지냈나? 그래 결혼을 했고? 자녀는?"

나는 명원이의 의젓하고 자신감에 찬 모습을 보고 대견한 마음으로 연거푸 질문을 해댔다.

"예, 결혼해서 1녀1남 둘 두었습니다."

"장하다."

명원과 그 외 학생들도 의사, 교수, 회사 대표 등 다양한 방면에서 확실하게 자리 잡고 중심 역할을 하고 있는 것이다.

그 가운데서 오늘 행사의 진행이나 재정을 명원이 책임지고 있어 20년 전의 모습과 비교되어 더욱 돋보였다. 행사 말미에 'Y'고의 교가를 부르는 것으로 끝을 맺었다.

분에 넘치는 환대를 받고 귀가하면서 문득 요즘 사회에 회자되는 '교권의 추락'이라는 말이 떠올랐다. '교권의 추락' 어느 한쪽의 책임이라기보다 우리 사회 전체의 책임이다.

현재 교단을 떠난 나에게도 책임이 있을 것이라는 자책이 들었다.

오늘 행사 중에 학생 대표가 한 축사 중에 '사제동행師弟同行' 이란 말이 가슴을 울렸다. '스승과 제자가 한마음으로 연구하여 나아감'이란 뜻풀이다.

'사제동행'의 아름다운 풍조가 '교권추락'이란 암울한 세태를 대신했으면 하는 바람이다.

이사 移徙

 경남에서 근무하다가 부산으로 옮겨서 처음 내 이름으로 산 집이 연산동에 있는 5층짜리 아파트였다. 마산과 고성에서 근무할 때도 전세살이를 하였다. 말은 아파트지만 아파트 이름도 없고 30 가구밖에 안 되는 빌라였다.

 내가 이사 온 집은 맨 꼭대기 5층인데. 엘리베이터도 없고 해서 오르내리기도 불편했을 법도 한데 지금껏 전세살이 하다가 처음 내 집을 마련한다는 생각에 앞뒤 가리지 않고 덥석 계약을 해버렸다.

 물론 살려고 한 집에 올라가서 내 딴에는 혹시 하

자가 있는지 요모조모 살펴보았으나, 집주인이 30세대의 반장을 맡고 있는 그런대로 품위가 있는 중년의 여성인데다 겉으로 보기에는 집 안팎이 깨끗하게 정돈되어 있었다. 주방에 가서 수돗물이 잘 나오는지 틀어 봐도 수압이 세지는 않았지만 물은 잘 나오는 것 같았고, 집사람도 만족한 것 같아서 잔금까지 치르고 이사를 했다. 그런데 막상 이사를 하고 난 뒤 이 집에 치명적인 하자가 있는 것을 알았다. 다름이 아니라 이 아파트에 수도시설이 되어 있지 않다는 사실이다. 수도가 없으면 어떻게 생활에 필요한 물을 충당했느냐면 지금껏 지하수를 떠올려서 사용했다는 것이다. 집을 지을 당시에는 지하수가 그렇게 모자라지는 않았다 해도 시간이 지날수록 지하수의 양이 점점 고갈되어 지금은 하루 2번씩 아침, 저녁에 정해진 시간에 1시간씩 공급하는 실정이었다.

하루에 2시간만이라도 물이 제대로 공급되면 불편하지만 참고 살아 보겠는데, 날이 갈수록 그 시간의 짧아져서 나중에는 1시간도 채 되지 않는 짧은 시간에, 그것도 각 세대가 물을 많이 쓰지 않는 한밤중에 공급되었다. 더구나 우리 집은 맨 꼭대기 5층이라 물이 부족한데다 수압까지 낮아서 물 공급이 제대로 되지 않아 겨우 식수만 사용하고 큰 빨래나 목욕은 거의 불가능한 상태였다. 뒤늦게 안 사실이지만 수도 시설이 안 되어 있으니까 전세도 매매도 완전히 끊겨 들고 나오는 사람이 전무한 상태였다. 나에게 집을 판 주인 여자가 계약금으로 받은 수표를 가지고 같은 동 친한 주민들에게 들어 보이며 집을 팔았다 하면서 자랑을 하니까, 뭐하는 사람인데 이런 집을 샀느냐 면서, 이제는 이 지긋지긋한 아파트를 벗어날 수 있겠다며 부러워했다는 이야기를 나중에 들었다.

나도 나지만 아내가 속상해서 빨랫감을 들고 동래에 있는 처형에게 가서 하소연하면서 울었다는 말을 듣고 나의 경솔한 판단에 화가 나고 심한 자책감이 들었다. 나는 이 사태를 어떻게 수습해야 하는지 깊이 생각해 보았다. 결론은 단 하나 이 아파트에 수도를 놓는 것이었다. 나는 먼저 양정에 있는 수도사업소에 가서 수도를 설치할 수 있는 방법에 대해 알아보았다.

수도를 설치하려면 여러 가지 조건에 맞아야 하는데 그 중에 2가지를 반드시 충족해야 했다. 첫째는 우리 아파트 부근 50m 이내에 수도 메인 본관이 지나가야 되고 둘째는 아파트 주민의 만장일치 동의하에 서명 날인한 서류를 갖추어야 한다는 것이다.

다행히도 우리 아파트가 대로변과 거의 맞닿아 있어서 아파트 부근에 수도 메인 본관이 있어서 첫째 조건은 충족되었다. 나는 얼마 후 반상회가 열리는 날 주민들 앞에서 수도를 설치해야 이 아파트가 살 수 있다고 설명하면서 그 방법에 대해 자세히 설명하였다.

반상회에 참석한 주민들이 찬성을 해서 그 자리에서 가칭 수도 설치 위원회를 만들어 내가 위원장이 되었다.

그 후 나는 수도 설치를 위해 직장에서 조금의 시

간이 나도 나의 모든 것을 바쳐 이 일에 매달렸다.

첫째 조건은 해결되었는데, 문제는 2번째 조건이었다. 현재 30가구 중 나를 포함해 집주인이 16가구고 전세가 14가구였다. 전세 주민의 동은 필요 없고, 30가구 전제가 자가인 집주인의 동의가 있어야 한다는 것이다. 그런데 문제는 16가구 자가 주인의 서명 날인은 받았지만 나머지 14가구의 자가 주민의 서명 날인을 받아야 한다는 것이다. 원래 이 아파트를 건축한 사람이 강 사장이란 사람인데, 현재 전세 14가구의 주인이 강 사장인 것이다.

이사를 와서 강 사장이란 사람과 안면을 튼 적은 있었지만 깊이 있는 교분을 나눈 적은 없었다. 그런데 이 14가구의 주인인 강사장이 사기 사건에 연루되어 주례 교도소에 수감되어 있는 것이다. 14가구의 서명이 꼭 필요한데, 당사자가 수감되어 징역살이를 하고 있으니 정말 난감한 일이었다.

나는 직장에서 근무하는 것 **빼고는** 모든 것을 강 사장을 찾아가서 서명, 날인해 줄 것을 설득하는데 바쳤다. 처음 면회를 가서 그간의 사정을 말하고 수도를 설치하는데 꼭 필요한 가사장의 서명, 날인을 간청했지만, 강사장은 내가 억울하게 감옥살이를 하는데 그까짓 일이 뭐 중요하다고 일언지하에 거절을 당했다.

아무리 입이 닳도록 설득했지만 꽁꽁 맺힌 강사장의 마음을 열수가 없었다. 나는 포기하지 않고 사흘에 한 번 꼴로 면회를 가서 수도를 설치해야 주민들도 살고 강사장이 소유한 14가구도 그 가치가 배 이상 높아질 것이라고 설득 또 설득을 했다.

한번은 위원회 중 나이 지긋한 여자와 같이 면회를 가서 면회 중에 그 여자가 울면서 하소연한 일도 있었다. 6번째 찾아가서 설득하니 마음을 돌리려는 기색이 보였다. 세븐 스트라이커, 행운의 7번째 면회 때 강사장이 완전히 돌아서 서명, 날인을 해주여 수도 설치를 위한 조건을 다 충족시킬 수 있었다.

그때부터 수도 설치를 위한 작업에 본격적으로 할 수 있었다. 아파트 근처에서 수도 설치를 전문으로 하는 사업자를 찾아서 계약을 맺고 본격적으로 공사를 하게 되었다. 아파트 옥상 2군데에 큰 탱크 2개를 설치하고, 메인 본관에서 수돗물을 끌어 오는 배관 공사 등 필요한 일을 착착 진행시켰다.

약 50여 일 간의 공사가 끝나고 많은 사람들이 참석한 가운데 통수식이 열렸다. 나와 사업자 주민 대표가 통수식 버튼을 누르자 물이 세차게 옥상의 큰 탱크로 올라가게 되었다. 그 자리에서 함성을 지르고 만세도 부르고 주민들 중에는 눈물까지 흘린 감동적인 장면이 벌어졌다.

그리고 통수식 자리에서 우리 아파트에 아직까지 이름이 없는 것은 부끄러운 일이라고 해서, 내가 '공작아파트'라고 이름을 지어 아파트 중심부 가장 잘 보이는 곳에 '공작아파트'라고 크게 썼고 가름막을 했는데, 그 가름막을 벗기는 행사까지 하였다.

대로변에 위치해 고통이 편리하고 수도도 갖춰지고 '공작아파트'란 멋진 이름까지 갖게 된 아파트. 그 이후로 아파트의 가치가 크게 상승된 것은 두말

할 것도 없거니와, 주민들이 물 없는 고통에서 벗어난 것이 무엇보다 기쁘고 자랑스러웠다.

통수식 다음날 감옥으로 감사장을 찾아가 그 소식을 전했더니 몹시 기뻐하며 큼지막한 손으로 내 손을 꼭 잡으며 "김선생 정말 수고했소." 하는데 서로가 목이 메었다.

그 뒤로도 몇 번 이사를 했지만 부산에서 내 생애 처음 겪었던 이사에 관한 이야기는 지금도 어제 일처럼 생생하며, 이후 어떻게 살아야 하나라는 물음에 뚜렷한 지표가 되었다고 생각한다.

마나워나
: 마다 카스가르에서의 첫 번째 에피소드

'마나워나'는 '좋은 아침' '굿모닝' 이란 뜻의 현지어다.

아프리카의 동남단에 위치한 '마다카스가라'는 세계에서 네 번째로 큰 섬이다. 그 나라의 서울인 '안타나나리보'의 보세구역에 한국인이 세운 피복 공장이 있다. '마나워나'는 내가 아침마다 공장 정문에서 출근하는 생산직원들에게 건네는 인사다. 일반 직원들보다 30분 일찍 출근해 직원들을 맞으면서 날씨에 상관없이 외친다. 출근하는 직원들을 향해 손을 흔들며 '마나워나' 하고 외치니까 직원들은 난데없이 웬 늙수그레한 사람이 자신들에게 인사를 하니 누군가하고 의아해한다. 이것이 내가 직원들과의 첫 대면의 광경이었다.

내가 멀리 이국땅 아프리카에서 아침부터 '마나워나' 하고 인사하게 될 줄은 상상이나 할 수 있었을까마는 이렇게 된 데는 그 나름의 이유가 있다. '마다카스가라'에 한국의 피복 공장이 들어선 지는 벌써 6~7년의 세월이 흘렀다.

공장 설립자는 서울에서 'MJ'라는 상호로 다양한 의류를 생산하는 50대 중반의 'S'라는 여자 사장이다.

공장 설립 후 처음 4~5년간은 원자재 공급이 순조롭고 생산과 수출도 그런대로 잘 돌아갔다. 하지만 최근 2~3년 전부터 가장 중요한 원자재 공급이 제때 이루어지지 않아 제품 생산에 차질이 생기고 그에 따라 수출도 잘 안 되는 어려움이 연쇄적으로 발생했다. S사장은 이 난국을 타개하기 위해 평소에 신뢰하던 P은행 출신의 지인을 현지 사장으로 파견하였다. 그런데 현지 공장의 대표로 선택된 사람이 바로 J라는 사람이다.

J와는 나와 같은 아파트에 살고, 같은 성당에도 다니며 그 가족과도 교류가 있어 그런대로 잘 아는 사이라고 할 수 있다.

J가 '마다카스가라' 현지에 근무한 지가 6개월쯤 되어 업무 협의차 서울 본사에 왔다가 본가인 부산 해운대에 왔다.

3일 후 다시 '마다카스가라'로 떠나야 할만치 일정이 매우 빡빡했다.

주위 친지들이 J가 6개월 전 떠날 때 송별연도 못했으니 이번에는 같이 식사라도 하자며 J부부를 초대하였다. 그 자리에서 '마다카스가라'의 일상이 화제가 되었다. 그 당시 나는 공직에서 퇴임해 1년여가 되어가는 시점에서 슬슬 퇴임 후의 생활이 단조롭고 지겨워지기 시작했다.

아프리카의 일상이 화제가 된 그때 내 생활에 조

금이나마 변화와 활력을 줄지도 모른다는 생각에 마다카스가라에 한번 가보고 싶다고 했다. J가 꼭 여행하고 싶다면 다른 곳은 몰라도 자신이 있는 '마다카스가라'라면 편의를 봐줄 수 있다고 한다. J가 떠난 후 1주일 후 J에게 '마다카스가라'에 가겠다고 했다.

J는 여기 오는 것은 단순한 여행이 아니라 여기 현지 공장에서 일을 할 수도 있으니 단단히 각오하라는 것이다. '마다카스가라'로 떠나는 날 서울 본사에 가서 '마다카스가라' 공장에서 당장 사용해야 할 부품을 가지고 오라고 해서 부품 뭉치를 받아 '마다카스가라'행 비행기에 올랐다.

그런데 그 당시에는 서울서 '마다카스가라'에 가는 직행편이 없어서 태국 '방콕'에 가서 환승해야 했다.

토요일 아침에 출발해서 오후 5시경에 '마다카스가라'에 도착하니 현지 공장의 K이사가 마중 나와 있었다.

J사장을 만나 부품을 전하니, 대뜸 월요일부터 공

장에 출근해서 일을 하라는 것이다. 전에 언질을 받았으나 이렇게 황급하게 일을 진행하니 약간은 당황하기도 했다. 이런 사정으로 월요일 아침부터 공장 정문에서 '마나워나'를 외치게 된 것이다.

월요일 출근하니 J사장이 명함을 만들었다며 주는데, 내 직책이 '행정이사'라고 되어 있었다. 내가 주로 하는 일은 총무과 경리에서의 지출과 재고품을 관리하는 것이었다. 직원들 수는 생산직 800여명 사무직 10여 명 등 약 800여 명 안팎이다.

급여일은 매월 말일이고 그달 10일에 생산직 직원들에게 1만 '아리아리'를 보너스 형식으로 준다.

'마다카스가라'의 화폐 단위는 '아리아리'다.

올 1월부터 정식으로 통용되었다고 한다. 그전까지는 프랑스의 '프랑화'가 공식 화폐로 쓰였다.

'마다카스가라'는 프랑스 지배를 근 80여 년 이상 받은 식민지였다. 그래서 곳곳에 프랑스 흔적이 많이 남아있다.

'마다카스가라'의 아리아리는 한국의 '원'과는

5:1의 가치로 통용된다. 즉 '마다카스가라'의 1만 '아리아리'는 한국의 원화로 2,000원이 되는 셈이다. 참고로 '마다카스가라'에서의 이발료가 1000아리아리이고 미니버스의 탑승료는 200아리아리이다.

'마다카스가라'에서의 생활이 2개월째 접어드는 어느 날 경리직원으로부터 용접부 직원이 가불 신청했다는 보고를 받았다. 가불 이유를 물었더니 아버지가 사망해 장례비용이 필요해서란다. 그런데 회사방침이 생산직 직원들에게 가불은 일절 금지사항이라는 것이다. 왜 그렇게 가불에 대해서 엄격하게 처리하느냐고 하니 생산직 직원들은 언제 그만둘지 모르는데 가불해줬다가 그만두면 경리 담당 직원이 변상해야 된다면서 어떤 이유든 공식적으로 가불은 안 된다는 것이다.

나는 가불 신청을 한 직원을 따로 불러 면담을 했다. 내 앞에 앉아 있는 직원은 '말라가시' 계통의 현지인이다. '마다카스가라'의 주민은 피부가 완전 검은색의 원주민과 말레이 계통의 주민과 프랑스인들과의 사이에서 태어난 혼혈인들로 구성되어 있다.

내 앞의 직원은 마침 가톨릭 신자로 '레오'라는 세례명으로 불리었다. 나이는 30세 정도인데 체격도 당당하고 인물도 준수한 편인데다가 그 나름으로 카리스마를 지니고 있었다. 총무과 직원 말로는 '레오'라는 직원은 확실하진 않지만, 과거 폭력 집단의 일원이었다는 말을 하며 조금 경원시하는 분위기였다. 나는 '레오'에게 나도 '비오'라는 세례명을 가진 가톨릭 신자라면서 반갑다고 악수를 청하면서 아버지가 사망했다니 상심이 클 거라며 위로를 한 다음 아버지의 사망 확인서를 떼올 수 있느냐고 물었다. 그러면서 회사 방침에 가불은 안 된다는 걸 알고 있냐고 하니, 레오는 알고 있다면서 그래도 혹시나 해서 신청을 해봤다는 것이다. 가불을 신청한 날이 1월 3일이니 급여일은 한 달가량 남아 있는데 주위에서 장례비용을 빌릴 데도 없고 해서 난처한 사정이라는 걸 알 수 있었다.

이튿날 '레오'가 사망 진단서를 가져왔다. 총무과

직원에게 확인하니 틀림이 없었다. 나는 빈방에서 '레오'를 데리고 가서 내 사비로 미리 마련해둔 한 달 급여에 해당하는 4만 아리아리와 조위금 1만 아리아리를 넣은 봉투를 '레오'에게 주면서 당부했다.

'이 일은 나와 레오 둘만이 아는 비밀이니 누구에게도 말하지 말라고' 레오는 처음에는 뜻밖의 표정이었으나, 나의 진심을 이해하였는지 몇 번이나 고맙다고 고개를 숙였다.

장례를 치르고 처음으로 레오가 출근하는 날이었다. 레오가 출근할 때는 항상 몇 명의 직원들이 레오 뒤를 따라 정문으로 들어선다. 그 직원들에게는 소위 레오가 대장인 셈이다. 그날 역시 나는 정문 앞에서 손을 흔들면 '마나워나'를 외치고 있었다. 정문을 들어서던 레오와 나의 눈이 마주쳤다. 순간 레오는 나에게 달려와서 평소에 주먹으로 마주치던 인사 대신 나를 번쩍 들어 안고 빙빙 돌며 크게 소리를 내지르는 것이었다.

'마나워나 메르시' 우리말로는 '좋은 아침 감사합

니다.'라는 뜻이다. 레오가 그렇게 나를 들어 올리고 큰 소리로 외치니 뒤를 따르던 직원들도 함께 외쳤다.

'마나워나 메르시' 순간 정문 앞은 한 번도 보지 못한 광경에 다른 직원들의 눈이 휘둥그레졌다. 나는 갑자기 당한 일이라 순간 당황했으나 레오의 체온과 진심이 전율이 되어 온몸을 감싸는 걸 느끼며 나도 모르게 '마나워나'하고 외치고 있었다.

이 일이 내가 '마다카스가라'에서 겪었던 첫 번째 에피소드이다.

작은 선물, 작은 행복

 오늘도 어김없이 긴 줄이 늘어서 있다. 내 차례가 되어 식탁에 앉기 까지는 최소한 30분은 기다려야 한다. 행복 밥집의 일상적인 풍경이다.

 처음에는 대부분의 사람들이 "이렇게까지 기다리면서 먹을 이유가 있느냐?" 하면서 돌아가지만 아주머니도 할머니도 아닌 그 중간쯤 되는 아낙네가 차려주는 밥을 먹어 보고는 기다린 시간이 아깝지 않다고 이구동성이다.

 이 집만의 특미가 바로 납세미 찌개다. 무를 크게 썰어 납세미와 같이 끓이는데, 살이 도톰하게 오른 납세미 살 한 점과 간이 잘 밴 무를 얹어 한입 가득히 넣으면 밥이 언제 넘어 갔는지 모른다.

특히 국물 맛이 일품이다. 정자 씨의 행복 밥집에는 다른 식당과는 구별되는 특별한 점이 있다. 이곳에는 정자 씨를 제외하고 다섯 사람이 근무하는데 호칭부터가 여느 집과는 다르다. 사장님이란 호칭은 아예 없고, 모두 언니, 순이야 등으로 부른다.

한 마디로 여기서 일하는 사람들은 다 한 가족이고 근무 연수 또한 10년이 넘는다. 거의 온종일 서서 일해야 하는 고된 노동이지만, 정자 씨를 비롯해 모든 종사자는 한결같이 웃음을 잃지 않는다.

행복 밥집에 10년 이상 다녔던 손님들도 예나 지금이나 변함없는 밥맛, 친근한 얼굴로 맞아 주는 아주머니들의 미소에 자신도 모르게 녹아든 것이다.

나는 정자 씨의 밥상을 대할 때마다 먼 이국땅에서 잠들어 있는 어머니의 손길이 떠올라 목이 멘다.

손님들이 밥 한 끼 먹고 행복해하는 모습을 보고 있으면 정자 씨는 고된 줄을 모른다. 정자 씨는 손도 크고 계산할 줄도 모르는 것 같다.

고봉밥을 다 먹고 또 달라고 해도 또 한 그릇 고봉으로 주고 반찬도 맘껏 준다. 나는 그런 정가 씨가 좋다. 누구는 정자 씨를 보고 억척같다고 하지만 마음은 비단결 같다.

"다음 손님 들어오세요."

내 차례가 되어 정자 씨가 부르는 소리를 들으면 나는 갑자기 배가 더 고파진다.

기분 좋은 배고픔이다.

언제까지 정자 씨의 씩씩한 목소리를 들을 수 있을까…. 정자 씨가 차려주는 밥을 먹고 있으면, 행복이란 아주 거창한 것보다 사소한 일상이 주는 작은 선물에서 찾을 수 있다는 것을 느낀다.

또한, 나도 모르게 마음속으로 다짐을 한다.

다음번에는 내가 좋아하는 사람과 같이 와야지 하고~.

隨處作主 立處皆眞
(수처작주 입처개진)

수처隨處는 환경과 상황을 뜻하며 작주作主는 스스로 주인이 되어 행동하라는 의미이다. 다시 말해 어디서든 주인이 되면 그 곳이 곧 진리의 세계가 된다. 안중근은 스스로 주인이 되어 대의를 위해 한 몸을 불살랐다.

김훈의 소설 『하얼빈』을 두 번에 나누어서 읽었다. 읽고 난 후의 감상은 한마디로 지금껏 읽은 어느 소설보다 문장이 간결하고 객관적이어서 읽어 나가는데 힘이 들지 않았고 나도 모르게 주인공의 행적과 의지에 빨려 들어 책을 덮을 때까지 온전히 자신을 잊어버린 듯 했다.

마지막 작가의 말에 있는 "나는 안중근의 '대의'보다도 실탄 일곱 발과 여비 백 루불을 지니고 블라디보스토크에서 하얼빈으로 향하는 그의 가난과 청춘과 그의 살아 있는 몸에 관하여 말하려 했다. 그의 몸은 대의와 가난을 합쳐서 적의 정면으로 향했던 것인데 그의 대의는 후세의 필생筆生이 힘주어 말하지 않더라도 그가 몸과 총과 입으로 이미 다 말했고 지금도 말하고 있다."라는 대목을 읽으면서 한없이 눈물을 쏟고 있었다.

멈출 수 없는 눈물과 소리 없는 오열이 한동안 나를 휘감았다.

안중근은 31살의 청춘을 하얼빈에서 불살랐다. 그런데 지금까지 순국한 안중근 의사의 유해를 찾지 못해 가묘를 만들어 추모하고 있는 현실이 안타까울 뿐이다.

작은 인연因緣

 스물을 갓 넘긴 서상 물정에 서들었던 나이에 혼자서 여행하기를 아 했던 나는 초겨울 집을 나서면서

 "한바퀴 돌고 올테니 걱정 마셔요."

 어머니께 알리고는 곧장 서울행 보통 열차에 몸을 실었다.

 서울을 거쳐 처음 잡은 일정대로 전라도로 가서 남원에 들렸다. 남원을 첫 번째 여행지로 잡은 것은 우리의 마음에 하나의 신화로 자리잡고 있는 '춘향'을 봐야겠다고 생각한 것이다.

'춘향루'라고 새겨진 사당을 찾아 매표를 하고 들어갔다. 내가 찾아 간 춘향사당은 그야말로 기대했던 것과는 달리 조그맣고 초라한 규모로 주위에는 민가와 맞닿아 있었다. 지금처럼 넓은 대지에 위용을 자랑하는 모습과는 천양지판이었다.

 매표를 하고 들어서니 안내원이 제일 먼저 '춘향영정'에 참배하라는 것이다. 춘향의 화상 앞에 서니 마치 살아있는 듯한 느낌을 받으면서 기품 있는 모습에 저절로 무릎이 꿇어졌다.

 참배를 하고 나오면서도 무언가 서운하고 개운치 않은 기분이었다. '춘향'의 대접이 너무 빈약하다는 생각 때문이었다.

 '춘향루'에서 나와 바로 역으로 가서 전주행 기차를 탔다. 전주행 기차는 붐벼서 앉을 자리가 없었다. 선반 위에 가방을 얹어놓고 서 있는데 바로 앞에 내 나이 또래의 젊은 여자가 유심히 나를 쳐다보면서 고개를 갸웃했다. 처음에는 무심코 지나쳤다가 끊임없이 나를 쳐다보는 여자에게 나도 자연히 관심이

갔다.

기차가 전주역에 도착해 선반에 둔 가방을 꺼내는데, 앞의 여자가 "제 가방도 좀 내려 주세요." 하는 것이다. 나는 말없이 여자의 가방을 내려 주었다.

개찰구를 지나 잠시 나와 같이 있게 되었다.

"하나 물어 봅시다. 아까 기차에서 왜 나를 자꾸 쳐다 보았어요?"

"미안해요. 사실은 앞에 분이 제 사촌 오빠와 너무 닮아서 자꾸 시선이 갔어요."

"그렇군요. 사실은 제 얼굴이 평범해서 누구나 닮았다는 말을 많이 들어요."

"그런데 전주에는 무슨 일로 오셨나요?"

"그냥 여행 삼아 부산 출발 서울에 갔다가 남원을 거쳐 전주로 오게 되었어요."

"남원이라면 '춘향루'에도 가 보았겠군요."

"예, 춘향 사당을 찾아가서 그 영정에 참배했어요. 그런데, 춘향을 모신 사당이 주위 환경도 그렇고 너무 초라해 실망했어요."

"그렇지요. 우리 모두의 임인 춘향의 사당으로 너무 초라하다고 저도 공감해요. 그런데 전주가 초행이라 하셨는데 전주 어느 곳을 가보고 싶어요?"

"박물관이요."

처음부터 원했거나 작정한 곳이 아닌데 별 생각없이 대답했다.

"제가 안해 드릴게요. 여기서 얼마 멀지 않아요."

우리는 박물관에 가서 매표를 하고 안으로 들어갔다. 초겨울인데다 폐관 시간이 얼마 남지 않아서 그런지 우리 외에는 관람객이 아무도 없었다.

우리가 박물관에 입장한 시각이 오후 5시를 갓 넘긴 때였다. 마감 시간이 오후 6시라는 걸 확인하고 안쪽으로 들어가서 천천히 둘러보았다. 서로 얘기를 나누며 거의 한 바퀴 돌고 출입구 쪽으로 가서 출구문을 밀었다. 그런데 출구문이 꼼짝도 않는 것이다. 잠겨 있었다. 그때 시각은 5시 45분경이었다. 마감 시간도 남았는데 문이 잠기다니 뭐 이런 일이 있냐며 문을 두드리며 큰소리로 직원을 불렀다.

"여보세요, 아무도 없어요. 여기 사람이 있어요."

아무리 문을 두드리고 큰 소리로 불러 보았지만 아무런 응답이 없었다. 우리는 이런 황당한 일은 처음 겪는 일이라 무척 당황했다.

초겨울이라 박물관 안은 냉기가 있어 춥기도 했지만, 그보다도 생판 처음 보는 젊은 남녀가 갇혀 있으니 매우 난감하였다.

한 바퀴 돌고 와서 문을 두드리고 큰소리로 불러 보았지만 응답이 없기는 마찬가지였다. 한 자리에 가만 서 있으니 피곤하고 춥기도 해서 안쪽으로 들어가서 본걸 또 보고 할 수밖에 없었다. 2번, 3번, 4번…… 두드리고 고함처도 소용이 없었다.

우리는 적당한 자리를 찾아 앉아서 간단한 신상 덜기를 했다.

'이복순 22세, 전주가 고향'

'김봉성 22세 부산이 고향'

출신은 전라도와 경상도로 나뉬지만 동갑내기에다 우연찮게 황당한 일을 겪은 처지라서 인지, 서로가 따뜻하다는 인상을 받았다. 특히 이복순의 서글서글하고 꾸밈없는 모습이 맘에 들었다.

지금처럼 휴대폰이 있었다면 바로 연락이 되어 구출(?) 될 수 있었겠지만 가정 전화마저 귀했던 시절이라 어쩔 도리가 없었다.

지금 생각하면 선뜻 길 안내를 자처한 '복순'이가 처음보는 나에게 약간의 호감(?)을 가진 것이라고 단정할 수 있겠으나 우리가 구출될 때 까지 손 한 번도 잡지 않았다. 그 당시에는 모든 공공기관이 '숙직'이라는 제도가 있어, 숙직하러 온 직원이 우리의 고함 소리를 듣고 달려와 문을 열었다. 문을 열고 우리를 본 직원은 놀라서 소리쳤다.

"누구세요. 어찌된 일입니까?"

"마감 시간이 되지 않았는데 문을 잠그고 퇴근해서 지금까지 2시간 넘게 이 추운데서 갇혀 있었잖소."

퇴근하던 직원이 우리가 늦게 들어간 것을 아무도 없다고 단정하고 문을 잠그고 퇴근한 데서 이 사단이 벌어진 것이었다. 어쨌든 구출되어 밖으로 나와 보니 별이 총총한 밤이었다. 8시가 넘어 있었다. 그때 일을 회상하니 정말 나 같은 숙맥은 어디 가서도 찾아볼 수가 없었을 거라는 자책이 들었다.

시간도 저녁이고, 배도 고프고 같은 봉변(?)을 당한 처지이니 당연히 저녁을 같이 하자고 청해야 하는데, 다음에 보자는 말은 고사하고 서로 연락처도 모른 채 헤어졌으니, 그야말로 지금 생각해도 부끄럽고 무지했다는 자책감이 들었다. 반세기가 넘게 지난 일이고, 어찌 보면 단순한 해프닝(?) 일지도 모른다고 치부해 버릴 수 있지만 어쩌다 한 번씩 생각나 '이복순'하고 불러본다.

지금쯤 무엇을 하고 어디에서 살아가는지…….

'복순'이는 이런 에피소드를 처음부터 까맣게 잊고 있겠지만 젊은 날 흔히 겪을 수 없는 경험을 공유한 것도 인연의 한 편린인지 가슴 한구석에 그리움의 여운이 자리 잡고 있다.

천생연분 天生緣分

 탈장으로 한 10여일 고생하다가 오늘 드디어 수술하러 'ㅂ'병원에 입원했다. 오른쪽 사타구니에 불룩 솟아 오른 게 작은 계란 같다.

 전신 마취 수술이라 사전에 세심히 체크해야 한다면서 총 8가지 검사를 했다. 코로나 감염 여부도 검사에서 빠지지 않았다. 아내가 내가 입원하는 날 자꾸 따라 오려는 걸 "내가 어린애냐"면서 제 딴에는 단호하게 거절, 혼자서 입원 수속 겸 여러 가지 검사를 받았다.

 내일 오전 8시 30분 수술에 들어가니 오늘 저녁 푹

자라는 담당 의사가 면담 때 들려준 말이다.

 내일 수술 앞두고 오늘 밤 잠이 잘 올까 모르겠지만 '수술이 잘 될까 혹시 잘못되지는 않을까'하는 걱정은 별로 하지 않았다.

 갑작스런 수술 때문에 일정이 겹쳐 참석하지 못하는 모임에 통보를 하니, 한결 같이 수술이 잘되도록 열심히 기도하겠다는 말에 주위의 사람들을 통해 적잖은 위안을 받는다는 생각이 들었다.

 세상은 혼자 살 수 없고 많은 사람들과의 관계에서만 이 사회가 유지된다는 평범한 진리가 새삼 묵직하게 자리를 잡았다. 내일 일은 내일에 맡기고 오늘밤은 편안하고 달콤한 잠으로 보내야겠다.

 오전 8시 30 분부터 수술이 시작되었다. 휠체어를 타고 수술실에 가서 수술대 위에 누우니 다른 생각은 나지 않은데 , 나도 모르게 주모경을 외우기 시작했다. 짧은 기도였지만 기도를 하고나니 한결 마음이 편안해졌다.

 곧 전신 마취가 시작되었다. 입과 코를 수건 같은

것으로 덮어씌우고는 하나 부터 열까지 소리 내어 세라는 것이다.

"하나, 둘, 셋…… 열."

내 기억으로 두 번쯤 세고는 그 뒤 일은 기억에 없다.

얼마나 시간이 흘렀는지 의식이 돌아와 보니 수술 후 거치는 회복실에 누워 있었다. 마취에서 깨어나 주위를 둘러보니 담당의사와. 간호사 분이 나를 보고 있었다.

"수술은 잘 되었습니다."

"지금 기분이 어떻습니까?"

"좀 얼떨떨하고 수술 부위가 조금 아픈 것 같습니다."

"방금 마취에서 깨어 나셨으니 시간이 좀 지나야 좋아 집니다. 걱정 안하셔도 됩니다."

"예, 알겠습니다. 수고 하셨습니다."

한꺼번에 수액 3병을 꽂고 휠체어를 타고 입원실로 돌아왔다. 수술이 잘 되었고. 예후도 좋아 수술 다음날 퇴원하겠다고 회진 온 선생님께 요청을 하니 담당 선생님도 허락을 해서 수술 다음날 퇴원을 했다. 그 날이 토요일이었다.

집에 돌아와서 의사의 주의 말씀대로 쉬고 있는데 아내가 전부터 고통 받고 있던 척추 협착증이 더욱 심해져서, 어쩔 바를 모를 정도로 통증이 심했다. 저녁이 되면 다리가 코끼리 다리처럼 퉁퉁 부어 잘 걷지도 못했다.

근근이 일요일을 넘기고 월요일 내가 수술 받았던 'ㅂ'병원에 입원해서 바로 수술을 받기로 했다.

탈장 수술 받고 이틀 만에 아내가 또 척추 수술을 받게 되었으니, 수술도 앞서거니 뒤서거니 같이 받아야 하는 이 사실만 보아도 50년을 넘게 지지고 볶고 싸웠지만 우리 부부는 '천생연분'이 아닐까 하는 생각이 들었다.

지인들에게 이 말을 하니 모두들 박장대소하면서 동의해 주었다.

아내의 수술 소식을 듣고 아내의 지인들은 한결같이 수술이 잘 될 거라 위로하면서, 열심히 기도를 하겠다고 다짐을 했다. 주위 지인들의 기도 덕분인지 수술이 잘되어 2주간 입원했다가 퇴원했다. 지금은 수술 후 예후에 전념하고 있다.

앞으로 최소 2개월은 집안일 모두가 내 몫이 되었다. 서투르지만 아내의 수술 후의 통증이 가라앉고 예후가 정상적일 때 까지, 아니 그 후에도 즐거운 마음으로 가사를 전담하겠다고 다짐해 본다. 또한 '천생연분'의 명맥을 이어 나가겠다고 한 번 더 다짐해 본다.

울 아버지

얼마 전에 울 아버지의 팔순八旬을 맞았다.

딸만 셋인 우리집. 10년 전 칠순 때와 마찬가지로 이번에도 팔순 잔치는커녕 같이 밥도 먹지 못했다. 울 아버지는 부산에 계시고 맏이인 나와 셋째는 서울과 수원에 사살고 있고, 둘째는 미국에서 살고 있으니 같이 모이는 건 불가능하다는 결론이 일치감치 전제되어 있었다.

그대신 팔순 축하 문자를 보내고 각자 알아서 돈을 보내기로 의논이 되었다. 그런데 울 아버지 팔순을 쓸쓸하게 보내는 지 사을 만에 수술대에 오르게 되었다.

　방광과 전립선에 탈이 나 기능이 극도로 약해져 바로 수술하지 않으면 크게 악화되어 그 기능을 잃을 수도 있다는 엄포(?) 때문이었다.

　팔순 때와 마찬가지로 수술 때도 울 아버지 옆에는 아무도 없었다.

　국내에 있는 딸 둘 중에 하나는 수술대 옆에 있어야 되지 않겠느냐는 내 말에 아버지는 극구 반대. 결국 아버지는 혼자서 수술 받고, 우리가 보낸 팔순 축하금으로 수술비를 충당했다. 다행히 수술이 잘 되어 배뇨의 고통에서 벗어날 수 있어 너무 좋다고 울 아버지는 크게 만족하신다.

　요즈음엔 딸이 아들보다 낫다고들 하지만 외국에 있는 둘째는 그렇다 치고 좁은 땅덩어리에 사는 나(첫째)와 셋째는 무엇이 그리도 바쁜지 팔순에도, 울 아버지 수술 때도 같이 있지 못했나 하는 자괴감이 들기도 했지만, 그 자괴감도 곧 잊어버렸다.

　맏이인 내가 아들이었어도 혼자서 팔순을 맞고 혼

자서 수술을 받는 아버지에게 문자와 돈만 보내고 말았을까 하는 의문이 들기도 했다.

울 아버지는 씩씩하다.

팔순의 나이에 '신라 시니어 합창단' 테너 파트에서 활동하고 문학잡지에 '시'와 '수필' 두 부문에서 신인상을 받아 문단에 등단하는 등 나름으로 삶을 가치있게 보내고 있다.

그리고 '초록우산' 등 여러 후원 단체에 가입하여 활동하기도 한다. 우리 가족도 아버지의 권유로 후원단체에 가입, 후원 회원이 되게 하는 '휴머니티'의 역할도 하고 있다.

나는 이렇게 씩씩하고 생각이 열린 울 아버지가 좋다. 공직에서 퇴임한 후 아프리카 동남단에 있는 '마다카스카르'란 나라에서 6개월을 지낼 때 책상머리에 첫 외손자 사진을 걸어 두고 그 사진을 보면서 외로움을 달랬다는 일화도 있다.

'마다카스카르' 첫날부터 귀국할 때 까지 하루도 빠짐없이 일기를 썼다는 사실을 자랑하는 울 아버지는 때문지 않은 순진한 로맨티스트(?)이기도 한다.

울 아버지가 언제까지 사실지 모르지만 사는 날까지 건강하고 행복했으면 하는 바람이다.

'사랑해요, 울 아버지.'

다양성에 대한 단상斷想

 지하철을 타고 그동안 코로나 때문에 못 만났던 친구를 만나러 간다.

 갑자기 차안의 사람들 시선이 한 군데로 쏠린다. 배추 모양의 머리를 한 검은 피부의 여인 둘. 한명은 키가 크고 또 한명은 키가 작은 대조가 되는 두 여인이 탔기 때문이다.

 둘은 쉴 새 없이 알아들을 수 없는 말로 이야기를 하고 있다. 사람들의 호기심 어린 시선이 자신들에게 향하고 있는걸 아는지 모르는지 두 여인은 깔깔 거리기도 하면서 조금도 개의치 않는 모습이다.

태어난 나라를 떠나 다른 땅을 밟을 때마다 자신들에게 수없이 꽂혔던 온갖 눈길에 이제는 면역이 되었던 것일까.

 자리가 나도 앉지 않고 제스쳐를 해가면서 대화를 하는 두 여인의 당당한 태도에 나는 뭐라 설명할 수 없는 곤혹스러움을 느꼈다.

 꽃이 모든 같은 모양이고 똑같은 색깔이라면 꽃이 주는 아름다움과 위안을 누릴 수 있을까.

 무지개가 일곱 색이 아니고 단색單色이라면 거기서 꿈과 환상을 느낄 수 있을까.

 세상의 모든 동물이 한 종류만 있다면 구름, 산과 늘, 숲, 나무 등이 같은 모양이고 한 색깔이라면 얼마나 삭막할까. 자연이 주는 아름다움, 위안, 꿈 등을 담고 느낄 수 있을까.

 자연의 다양성, 얼마나 감동적인 일인가. 그런데 유독 인간만이 색깔과 모습이 다르다고 차별하고 미워하는 것은 무엇 때문일까.

 이 세상의 모든 인간의 색깔이 희거나 검거나 누

렇거나 한 색깔로만 되어 있고, 그 모습이 째진 눈, 커다란 눈 등에서 같은 얼굴로만 되어 있다면 지금도 없어지지 않은 인종차별은 사라지는 것일까.

자연과 인간의 다양성이야말로 이 세상을 지탱하고 살맛나게 하는 원천이 아닐까.

오랜만에 만나는 친구들과 한 잔 할 때도 오늘만은 소맥으로 술의 다양성을 느껴볼까 한다.

| 작품해설 |

밀알 시학의 충만함
– 김봉성 시인의 시·산문집 『밀알 하나의 자화상』 해설

정 영 자
(문학평론가, 한국문인협회 고문)

 세상을 살아가면서 진정한 삶의 숲을 거치며 가는 사람은 행복하다. 불안과 좌절의 벽이 시대를 박고 모호한 말들이 진정성을 파괴해 갈 때 어둠의 빛처럼, 차가운 날씨의 따뜻한 온기처럼 진정한 사람을 만나기는 어렵다. 그러나 질곡의 세월에도 진정한 의미의 귀한 사람들이 우리들 주위에 있다는 것 또한 얼마나 축복인가.
 진정성이란 고대 그리스어에서 유래한 '진짜', '본래의'라는 뜻으로, 외부의 기대나 사회적 기준에 얽매이지 않고 자신의 진정한 본성과 가치관에 따라

자신답게 사는 것을 의미한다.

  김봉성 시인은 우리 시대의 진정성을 갖춘 시인이요 문사며 사회의 모범적인 스승이다.

  나는 35여 년 전 막내딸의 담임 선생님으로 국어 과목을 담당하던 교사로서 그를 만났다. 온화하고 맑은 모습에 진지한 수줍음을 가진 선생님이었다. 지금도 그는 별말은 없지만 맑고 밝은 분위기를 빛처럼 비추며 단란하고 푸근한 주위를 만들며 앉아 계신다. 이런 어른들은 계시는 것만으로도 훌륭한 동행이다. 일찍이 철학자 사르트르와 하이데거는 진정성을 인간의 존재적 자유와 책임감에 연결하여 설명하였으며 심리학에서는 정신적 건강과 자아실현의 필수조건이며 행복의 개념으로 이해하고 있다. 늘 평화롭고 긍정적이며 타인과의 행복 추구야말로 김봉성 시인의 삶과 문학을 관통하는 핵심이다.

  자신의 시간과 세월을 타인과의 온기 속에 , 어쩌

면 자기 희생의 수도사와 같은 의지로 세상을 살아온 시대의 사표이다. 그의 시·산문집은 자신이 평생을 학생들에게 문학과 어법을 가르치며 살아 온 현장을 그대로 회고하며 즐기는 노년문학의 금자탑이다.

시와 수필을 함께 엮은 시·산문집이지만 한 편, 한 편이 주옥같이 담은 실제 체험적 진실을 담담히 회고한다. 애절함이나 후회로 가슴 치는 감정의 진폭은 느낄 수 없는, 맑은 자화상이요 시대를 읽으면서도 주먹을 쥐거나 분노로 흥분하지 않는 고요하고 촘촘하게, 확실하게 그 때, 그 장소를 말하고 있다. 그래서 더욱 울림은 잔잔하게, 사무치게 깔리는 시문학이며 수필이다.

그의 맑고 푸른 긍정적인 시는 생명과 사랑을 바탕으로 서정적, 철학적, 명상적인 기도와 같이 겸허하게 쓰이고 그의 수필은 회고담 형식으로 진실하게, 정확하게, 내면의 성찰과 간곡한 봉사의 따뜻한 우애로 표현되고 있다.

1. 밀알 하나의 소망은 희망이다.

"밀알 하나가 땅에 떨어져 죽지 않으면 한 알 그대로 남고, 죽으면 많은 열매를 맺는다."

열매에 담긴 밀알의 여정입니다. 죽어야만 맺을 수 있는 열매입니다. 열매를 맺는 밀알이 진짜입니다.

여기서 '죽는다'는 것은 무슨 뜻일까요. '죽는다'는 것은 땅에 떨어져 썩는다는 겁니다. 썩어야만 싹이 트고 열매를 맺을 수 있고 생명이 탄생한다는 뜻입니다.

'죽는다'는 것은 또한 희생을 의미합니다. 어떤 일이든지 그 일이 크든 작든 가치 있는 일이 되기 위해서는 무엇보다 자신을 버리는 희생이 필요합니다. 눈앞의 이익에만 매몰되지 않는 깨달음이 있어야 죽을 수 있습니다.

죽지도 못하고 희생도 못하는 한 범부凡夫의 살아오면서 겪은 이야기를 넋두리로 풀어보았습니다. 등단 10년 만에 처음 내는 책이라 여러 면에서 부족합니다만 더 나은 정진精進을 위한 디딤돌이라 생각합니다.

- 김봉성 시인의 시·산문집
『밀알 하나의 자화상』에서 작가의 말

한 알의 밀알이 떨어져서 썩어야만 싹이 트고 열매를 맺고 생명이 탄생된다는 이야기를 작가의 말에서 하고 있는 그의 품격은 낮은 자세로 살아 온 평생을 보여주고 들려주는 잠언같은 이야기이다. 밀알 하나의 이야기에서 마지막을 디딤돌의 약속으로 끝나는 김봉성 시인의 머리글은 그대로 한 편의 시이며 고해성사다.

그의 시 <밀알 하나의 넋두리>에서 좋고 나쁘고를 떠나서 떨어지는 조건의 잘잘못을 따지지 않는다. 수용이며 그대로의 환경에서 운명적인 만남의 결실이다.

> 밀알 하나가 돌밭에 떨어지거나
> 가시덤불에 떨어지거나
> 요행히 기름진 밭에 떨어지거나
> 밀알은 처음부터 자신이 어디에
> 떨어질지 알지 못한다.
>
> 박토에 떨어질 걸 미리 알았더라면
> 밀알은 스스로를 달래고 다독거려

옥토沃土에 대한 미련으로
세월을 헛되게 갉아 먹지는 안했을 텐데……

박토薄土에서 말라 죽거나
옥토沃土에서 열매를 맺거나
어차피 밀알에서는 定해진 운명이다.

행여 옥토에 떨어졌다고 좋아하거나
박토에 떨어졌다고 억울해 하지 말라
옥토든 박토든 다 정착定着이다.
- <밀알 하나의 넋두리> 전문

 '밀알'은 돌밭이거나 가시덤불, 기름진 밭에 떨어지거나 본인 자신은 자신이 어디에 떨어질지 모르는 정해진 운명이었다. 옥토거나 박토거나 좋아하거나 억울해 하지 않는 분복 안의 질긴 생명력을 노래한다. 어쩌면 시인 자신의 끈질긴 생명력의 사투와 경건한 삶의 수용 속에 최선을 다하는 삶이 충만할 뿐이다. 그래서 더욱 이 시는 경건한 구도자의 삶의 서사를 펼치는 맑고 지엄한 생의 노래라고 할 수 있다.
 정착은 특정 장소에 자리 잡아 생활의 근거를 마

련하고 지속적으로 거주하는 행위를 의미한다. 생물이 새로운 장소로 이동하여 그곳에서 번식하는 일이다. 이는 단순한 거주를 넘어 사회적, 경제적, 문화적 활동의 기반을 형성하는 복합적인 과정을 포함한다. 현대 사회에서도 정착은 개인의 삶뿐만 아니라 국가와 사회의 안정적인 발전을 위한 필수적인 요소로 작용한다.

분복대로 처절한 삶의 현장에 뿌리를 내리며 안정적인 생활을 하며 살아가는 평범한 사람들의 애환을 노래한다. 시인의 삶의 태도가 잘 묻어나는 내용이기도 하다

2. 온 몸으로 울어본 적 있는가

우리는(당신은) 누군가의 아픔이 내 심장에 박히도록
온몸으로 울어본 적 있는가.

우리는(당신은) 누군가를 가슴 저리게 그리워하여
그 절절함에 모든 것을 맡겨본 적 있는가.

우리는(당신은) 아무도 돌아보지 않는
누군가의 시린 손을
한 번만이라도 잡아본 적 있는가.

우리는(당신은) 푸른 하늘을 향한 누군가의 힘찬 나래짓을
가슴 뭉클하게 꿈꾸어 본 적 있는가.

누군가를 아파하고 그리워하고 잡아주고 꿈꾸는 것은
스스로를 낮추고 비우고 귀 기울여 다가서야 하는 것

우리는 언제쯤 가장 낮은 자리로 가서
늘상 너와 나를 깨어 있게 할 것인가.
- <낮은 자의 기도> 전문

"스스로 낮추고 비우고 귀 기울여 다가서야 하는 것"이라는 호소는 간절함의 기도다. 진정성이 담긴 기도는 누군가를 위하여 울어본 적이 있는 자, 누군가를 그리워하는 절절함에 모든 것을 맡겨 본 자. 누군가의 시린 손을 잡아 본 적이 있는 사람, 누군가의

힘찬 나래짓을 가슴 뭉클하게 꿈꾸어 본 적이 있는 사람들과 같이 가장 낮은 자리로 가서 있을 때 우리는 깨어 있는 사람으로 안존할 것이라는 기도의 시는 상투적인 기도문의 딱딱한 내용을 공감의 작은 서원으로 풀이하고 있다. 천주교 신자의 조용한 성찰이 돋보이는 시이기도 하다.

3. 피는 꽃 지는 꽃, 우는 새가 전하는 말을 들어 본 적 있는가

<낮은 자의 기도>에 이어 <꽃>에서도 경건한 구도자의 자세가 나타나고 있다. 드러내지 않는 비법으로 꽃을 피우고 꽃을 지게 하는 순리는 필 때의 경이로움과 질 때의 아쉬움을 나눈다. 어떤 유혹에도 흔들리지 않고 때를 알아 순응할 줄 아는 꽃이야말로 바로 구도자의 자세라고 형상화한다. 화려하게 개화하고 지는 꽃의 모습에서 경건하게 삶을 사는

종교인의 이미지를 입히고 있다.

꽃은 필 때를 알고 질 때를 안다.
그렇지만 그때를 드러내지 않는다.

꽃은 필 때의 느닷없는 놀라움과
질 때의 잔잔한 아쉬움을
아낌없이 우리와 나눈다.

햇빛과 바람이 그 따뜻하고
부드러운 손길로 유혹해도
꽃은 흔들리지 않는다.

꽃은 때를 알고
그 때에 순응할 줄 안다.

자욱한 안개 속에
봄비를 맞고 있는 꽃은
말없는 求道者다.

- <꽃> 전문

어느 날부터인가 작은 새 한 마리
내 창가에 날아와 울음 운다.

나는 모른다.
작은 새의 이름이 무엇인지
왜 작은 새는 아침마다 내 창가에 와서 우는지
작은 새는 어디서 와서 어디로 가는지
그래도 나는 아는 게 있다.
작은 새가 이쁘고 울음소리가 맑다는 것을
나는 상상해 본다.
내 집 창가의 화분들이
작은 새의 중간 기착점일 거라고
그리고 날마다 나에게 와서 우는 것은
전하고 싶은 말이 있는 거라고
어느새 나는 작은 새의 울음소리를
더 잘 듣기 위해
아침마다 창문을 열어 놓는다.
기다려지는 친구가 생겨 살 맛 난다.

- <교감交感> 전문

  날마다 나를 찾아 와서 울음 우는 작은 새는 전하고 싶은 말이 있기 때문이라는 시적 화자의 마음은 시인 자신이다. 따라서 아침마다 창문을 열어 놓고 기다리는 시인은 이미 친구를 기다리는 행복으로 가득하다. 작은 새는 이미 시인의 친구가 된 것이다. 청

아한 아침에 새와의 교감을 이루며 하루를 여는 시적 감수성은 김봉성 시인의 전통적인 서정시인의 특성을 보여준다.

4. 공동체의 단합, 공동체를 위한 봉사

    경남에서 근무하다가 부산으로 옮겨서 처음 내 이름으로 산 집이 연산동에 있는 5층짜리 아파트였다. 마산과 고성에서 근무할 때도 전세살이를 하였다. 말은 아파트지만 아파트 이름도 없고 30가구밖에 안 되는 빌라였다.
    내가 이사 온 집은 맨 꼭대기 5층인데. 엘리베이터도 없고 해서 오르내리기도 불편했을 법도 한데 지금껏 전세살이 하다가 처음 내 집을 마련한다는 생각에 앞뒤 가리지 않고 덥석 계약을 해버렸다.
    (중략) 그런데 막상 이사를 하고 난 뒤 이 집에 치명적인 하자가 있는 것을 알았다. 다름이 아니라 이 아파트에 수도시설이 되어 있지 않다는 사실이다. 수도가 없으면 어떻게 생활에 필요한 물

을 충당했느냐면 지금껏 지하수를 떠올려서 사용했다는 것이다. 집을 지을 당시에는 지하수가 그렇게 모자라지는 않았다 해도 시간이 지날수록 지하수의 양이 점점 고갈되어 지금은 하루 2번씩 아침, 저녁에 정해진 시간에 1시간씩 공급하는 실정이었다.

(중략)

나도 나지만 아내가 속상해서 빨랫감을 들고 동래에 있는 처형에게 가서 하소연하면서 울었다는 말을 듣고 나의 경솔한 판단에 화가 나고 심한 자책감이 들었다. 나는 이 사태를 어떻게 수습해야 하는지 깊이 생각해 보았다. 결론은 단 하나 이 아파트에 수도를 놓는 것이었다. 나는 먼저 양정에 있는 수도사업소에 가서 수도를 설치할 수 있는 방법에 대해 알아보았다.

수도를 설치하려면 여러 가지 조건에 맞아야 하는데 그 중에 2가지를 반드시 충족해야 했다. 첫째는 우리 아파트 부근 50m 이내에 수도 메인 본관이 지나가야 되고 둘째는 아파트 주민의 만장일치 동의하에 서명 날인한 서류를 갖추어야 한다는 것이다.

(중략)

나는 직장에서 근무하는 것 빼고는 모든 것을 강사장을 찾아가서 서명, 날인해 줄 것을 설득하는데 바쳤다. 처음 면회를 가서 그간의 사정을 말하고 수도를 설치하는데 꼭 필요한 가사장의 서명, 날인을 간청했지만, 강사장은 내가 억울하게 감옥살이를 하는데 그까짓 일이 뭐 중요하다고 일언지하에 거절을 당했다.

아무리 입이 닳도록 설득했지만 꽁꽁 맺힌 강사장의 마음을 열수가 없었다. 나는 포기하지 않고 사흘에 한 번 꼴로 면회를 가서 수도를 설치해야 주민들도 살고 강사장이 소유한 14가구도 그 가치가 배 이상 높아질 것이라고 설득 또 설득을 했다.

(중략)

약 50여 일 간의 공사가 끝나고 많은 사람들이 참석한 가운데 통수식이 열렸다. 나와 사업자 주민 대표가 통수식 버튼을 누르자 물이 세차게 옥상의 큰 탱크로 올라가게 되었다. 그 자리에서 함성을 지르고 만세도 부르고 주민들 중에는 눈물까지 흘린 감동적인 장면이 벌어졌다.

- 수필 <이사移徙>에서

자신의 이름으로 평생 처음으로 산 집인 5층 짜리 아파트가 세대 수도 적고 수돗물이 거의 나오지 않을 뿐만 아니라 엘리베이터도 없는 꼭대기라서 불편한 주거이었다. 남 앞에 나서지를 않는 작가는 빨랫감을 들고 처형집으로 가서 하소연하면서 우는 아내를 보며 동네의 수돗물 놓기에 적극적으로 앞장선다.

 난간을 헤치고 기어이 수돗물을 통수하는 통쾌하고도 열정적인 모습의 작가가 드러나고 있다. 감동적이다. 도시 생활의 첫 관문에서 생활의 불편함과 가장으로서의 무능함을 분노하지 않고 차근차근 접근하며 사실관계의 난간을 헤쳐 가는 책임감 있는 사회적 사표로서 부드럽고 따뜻한 카리스마의 한 전형을 우리는 만날 수 있다.

 직장에서 근무하는 것 빼고는 모든 것을 수도를 놓기 위한 행정 절차의 요건을 갖추기 위하여 작가는 사신의 시간과 노력을 다하였다. 이웃을 위하여 사회적 불편을 해소해 간 그의 삶은 교사로서의 역할과 사랑을 유감없이 다한 사연들이 많을 것이다. 대표적인 예를 수필 <선생님, 제 결혼식 때 주례 서 주세요>에서 읽을 수 있다.

5. 교사의 역할, 커 가는 기쁨

 흔히들 요즈음 유행하는 소리, "교사는 있어도 선생은 없다", 어찌 보면 "학생은 있는데 제자는 없다"는 말과도 상통할 수 있다. 자기 책임은 물론 책임감 있게 학생의 고통과 좌절을 희망과 기대로 바꾸어 놓은 교사로서의 실천적인 삶은 이 시대에는 귀한 사례로 꼽을 수 있다. 김봉성 시인과 같은 교사가 이 시대에도 필요하다. 자신의 돈으로 가발을 사서 제자의 수치심을 면하게 하고 등교 길을 유도한 삶의 편력은 교육현장에서 일어날 수 있는 일이지만 실천하기도 어려운 문제이다.

 대학에 진학하여 멋진 아가씨로 작가 앞에 선 학생들이 "선생님, 제 결혼식 때 주례 서 주세요.", "이 말은 교직에 있으면서 들은 가장 자랑스럽고 보람 있는 말이었다." 작가는 회고한다. 그의 삶 또한 경건하지만 따뜻하면서도 소박하고 명징해서 눈시울 붉어진다.

6. 무슨 걱정이세요

지친 몸과 마음을
포근히 감싸주는
흰 눈이 나리는데
무슨 걱정이세요.

우리 다 같이 어린 시절로 돌아가봐요
눈사람 만들고 썰매 타고
눈 싸움하며
깔깔거리고 웃어봐요.

온 누리에 가득 찬
흰 눈의 축복 속에
새해를 맞이하는데
무슨 걱정이세요.

우리 다 같이 손잡고 외쳐 봐요
'다 잘될 거라고······
　　　　　　　　　 - <무슨 걱정이세요> 전문

　우리는 늘 걱정거리를 짐짝처럼 지고 산다. 김봉성시 인의 시, <무슨 걱정이세요> 는 긍정적인 삶의 성찰, 우리가 위로받는 최선의 노래를 읊고 있다. 시대마다 어려움이 있고 세대마다 넘어서야 할 과제들이 많다. 그러나 몸과 마음을 포근히 감싸는 "흰 눈이 나리는데 /무슨 거정이냐"고 선문답 같은 논리의 비약, 그 귀한 말씀을 던지고 있다. 겨울은 추위만이 아니잖아, 그의 부드러운 미소를 상기할 필요가 있다. 눈사람 만들고 눈싸움하던 날의 웃음을 상기하는 새해 흰 눈의 축복을 안겨주고 있다. "다 잘 될거라고…" 다 같이 손잡고 외쳐 보자는 시인의 권유처럼 이제 다가오는 겨울을 차갑게 맞이할 것이 아니라 축복의 겨울을 기다리는 넉넉함을 시의 행간에서 읽어야 할 것이다. "무슨 걱정이세요!"

  나는 실력 있게 아이들을 가르쳐서 그들이 원하는 대학에 진학시켰고 개인적으로는 사랑하는 내 막내딸의 담임이요 국어 선생님으로 아이를 부산대학교 국문과에 진학시켜 준 김봉성 선생님께 고개 숙여 감사할 뿐이다. 늘 청안하시고 문운 가득하시기를 빌 뿐이다.

밀알 하나의 자화상

초판1쇄 발행 2025년 11월 10일

지은이 김봉성
펴낸이 이길안
펴낸곳 세종출판사

주소 부산광역시 중구 흑교로 71번길 12 (보수동2가)
전화 463 – 5898, 253 – 2213~5
팩스 248 – 4880
전자우편 sjpl5898@daum.net
출판등록 제02-01-96

ISBN 979-11-5979-822-1 03810

정가 13,000원

 본 도서는 2025년 한국예술인복지재단의
〈문화예술지원사업〉의 지원으로 제작되었습니다.

이 책은 저작권법에 따라 보호받는 저작물이므로 무단전재와
무단복제를 금지하며, 이 책 내용의 전부 또는 일부 내용을 재사용하려면
사전에 저작권자와 세종출판사의 동의를 받아야 합니다.
* 잘못된 책은 교환해 드립니다.